bestimmen
bewerten
erhalten

Keysers
Sammler-
bibliothek

1 Pompon-weight
auf weißem Latticino-
Grund

# Paperweights
# Briefbeschwerer aus Glas

## James Mackay

**Keyser**

CIP-Kurztitelaufnahme der Deutschen Bibliothek:
Mackay, James: Paperweights = Briefbeschwerer aus Glas / James Mackay
München: Keyser, 1981 (Keysers Sammlerbibliothek)
[Aus dem Engl. von Ulrike von Puttkamer].
ISBN 3-87405-183-8

Englische Ausgabe: Glass Paperweights
© James Mackay 1973
Erschienen 1973 bei Ward Lock Limited, London

Die fachliche Überarbeitung haben freundlicherweise Peter Pommerencke und
Monika Flemming übernommen. Durch Ergänzungen und ausführliche Nachträge
konnte das Buch auf den derzeit aktuellsten Stand gebracht werden.
Der Verlag dankt der Firma farfalla-Paperweights, München, für die ausgezeichne-
ten Fotos moderner Paperweights, die den neuen Text illustrieren, und für die
sorgfältige Ausarbeitung einer hier dringend erforderlichen Nomenklatur.

Für die deutsche Ausgabe:
© Keysersche Verlagsbuchhandlung GmbH, München 1981 und 1987
Umschlagentwurf: Mendell & Oberer Graphic Design, München
Druck und Bindung: Erhardi Druck GmbH, Regensburg
Printed in Germany

# Inhalt

# Vorwort

Das Besondere aller Paperweights ist, daß erst die optische Vergrößerung durch die Glaskugel die volle Schönheit und Feinheit der Motive erkennen läßt, da die eingeschmolzenen Einschlüsse sehr klein und fein gearbeitet sind. Besonders schön und auffallend ist dieser Effekt bei den ›tausend bunten Blumen‹, den Millefiori-Motiven.

Schon Anfang bis Mitte des vorigen Jahrhunderts entstanden die ersten heute bekannten Paperweights. In der Biedermeierzeit hatten sie ihre große Blüte. Nach der Vorstellung eines Millefiori-Paperweights des italienischen Glasbläsers Pietro Bigaglia aus Venedig 1845 auf der Wiener Industrieausstellung verbreitete sich die Herstellung von Paperweights rasch über ganz Mitteleuropa. Die französischen Kristallerien waren wohl die ersten, bald danach auch die englischen, die die Paperweight-Herstellung in ihr festes Programm aufnahmen und diese bald vollendet beherrschten. Auch in Schlesien und Böhmen, Amerika und Asien wurden faszinierende Paperweights gefertigt.

Nachdem heute die schönsten Paperweights der Biedermeierzeit und dem Wiener Barock als kostbare Liebhaberstücke Spekulationsobjekte wurden, erinnerte man sich vor etwa 20 Jahren erneut an die Herstellung der inzwischen klassischen Paperweights aus Bleikristall, und, fast könnte man sagen ›zaubert‹ heute wieder die allerschönsten Sammlerstücke, sehr oft in starker Anlehnung an die alten Motive.

*Peter Pommerencke*

# 1. Ursprünge

Die Briefbeschwerer aus Glas, wie wir sie heute kennen – im folgenden ›Paperweights‹ genannt –, stammen zwar aus den vierziger Jahren des 19. Jahrhunderts, aber ihre Ursprünge lassen sich über Tausende von Jahren zurückverfolgen. Die Bestandteile eines Paperweight – winzige Stücke von Glasstäbchen und -stückchen, zu Mustern und Mosaiken angeordnet – wurden von Handwerkern in Ägypten bereits um 1600 v. Chr., wenn nicht schon früher hergestellt. Man benutzte diese Elemente als Dekor von Fliesen und Gefäßen aller Art. Feinste Wirkungen wurden erzielt, indem man Fäden von geschmolzenem Glas in verschiedenen Farben über einen vorwiegend dunkelblauen Untergrund zog, auch federige oder wellige Effekte, indem man das geschmolzene Glas mit einem scharf gespitzten Instrument ritzte. Es gibt auch einige Beispiele von glasverzierten Gegenständen aus Ägypten, bei denen die Fäden aus geschmolzenem Glas gedreht sind – Anfänge des Latticinio, das später ein beliebtes Motiv der Paperweights wurde.
Die Ägypter beherrschten auch die Technik, Glasstäbchen mit einem dekorativen Motiv, gleichsam im Querschnitt gesehen, herzustellen. Verschiedenfarbige Glasschichten oder Fäden farbigen Glases wurden verschmolzen, gedreht und ausgezogen, so entstanden Stäbchen und Röhrchen. Auf diese Weise stellte man Perlen und andere Ornamente her und schnitt von einem langen Stab ab, soviel man brauchte. Diese vielfarbigen Glasstäbchen waren auch das Grundmaterial für Millefiori. Der italienische Ausdruck bedeutet ›tausend Blumen‹ und bezeichnet eine komplizierte Anordnung von Stücken farbiger Glasstäbchen. Millefiori wurde in Ägypten als Schmuck von Tongefäßen und -tafeln verwendet. Die Kunst des Millefiori-Glasdekors wurde in Ägypten bis zum Ende des Ptolemäer-Reiches (31 v. Chr.) weiterentwickelt und, nachdem das Land der Kleopatra dem Römischen Reich einverleibt war, von den Glasbläsern Alexandrias fortgesetzt. Viele von ihnen wanderten nach Rom aus, wo sie raschen Absatz für ihre Waren fanden. In diese Periode gehören die schönen Glasschalen mit Millefiori-Dekor, die bei der römischen Oberschicht sehr be-

liebt waren und in vielen Teilen des ehemaligen Römischen Reiches ausgegraben worden sind. Daß die Millefiori-Künstler der Antike hochgeschätzt waren, ergibt sich aus der Tatsache, daß die Kaufleute von Alexandria Proculus von Perinthus ein Standbild errichteten; er soll es gewesen sein, der das vielfarbige Cane mit durchgehendem Muster in der ganzen Länge, wie wir es heute kennen, erfunden hat.

## Venezianisches Glas

Glas wurde in den ersten Jahrhunderten christlicher Zeitrechnung überall im Römischen Reich hergestellt. Anfang des Mittelalters, nach dem Zerfall des Weströmischen Reiches im 5. Jahrhundert, starb die Glasherstellung in Westeuropa praktisch aus, blühte aber im Ostreich mit seiner Hauptstadt Byzanz (Konstantinopel) und in Ägypten, Anatolien und Syrien unter arabischer Herrschaft weiter. 1204 eroberte Enrico Dandolo mit einem venezianischen Heer Konstantinopel und hielt es bis 1261 besetzt. In dieser Zeit wurden viele von den Byzantinern erhaltene Künste und Techniken nach Venedig exportiert; dazu gehörte auch die Glasherstellung, die sich im 13. Jahrhundert rasch zu einer venezianischen Industrie entwickelte. Fünfhundert Jahre lang exportierten die Glashütten der Insel Murano feines Kristallglas in alle Teile Europas und Westasiens. In der zweiten Hälfte dieser Periode lebte die Fertigung von Glas in Deutschland, Frankreich und anderen Ländern wieder auf. Bereits 1275 erließen die venezianischen Behörden Verordnungen, durch die der Export von Glasmacher-Gerät und die Auswanderung von Glasmachern in andere Teile Europas verboten wurde. Die Techniken der Glasherstellung und die dazu notwendigen Materialien wurden streng geheimgehalten – ein vergeblicher Versuch, Venedig das Monopol auf edles Glas zu erhalten. Venezianische Kunstfertigkeit und Erfindungsgabe reichten nicht aus, um der Konkurrenz standzuhalten. Mit dem Niedergang der venezianischen Glasindustrie im 17. Jahrhundert begannen die Erzeugnisse der überlegeneren Manufakturen Böhmens, Frankreichs und selbst Englands in den Vordergrund zu treten. Desungeachtet darf die Bedeutung Venedigs für die Entwicklungsgeschichte des Glases ganz allgemein und für die des Briefbeschwerers im besonderen nicht unterschätzt werden. Den Venezianern gebührt das Verdienst, die ägyptisch-römische Kunst des Millefiori wiederbelebt zu haben, selbst wenn die Herstellung von venezianischem Millefiori im 14. Jahrhundert inzwischen angezweifelt wird. Von verschiedenen heute im Victoria and Albert Museum in London befindlichen Exemplaren wurde bisher angenommen, daß sie aus der Renaissance stammten. Neuere Forschungen haben indes die Wahrscheinlichkeit ergeben, daß sie im 17. oder 18. Jahrhundert hergestellt worden sind. Ein paar Stücke sind bekannt, die tatsächlich in der Renaissance gefertigt worden sein könnten, aber ihre Zahl ist zu gering, als daß sie eine schlüssige Datierung zuließen.

Auch sollte man die Stelle in Marc Antonio Sabellicos Werk ›De Situ Urbis Venetae‹ (etwa 1495) beachten, an der er von der Glasherstellung in seiner Heimatstadt Venedig spricht: ›Eine berühmte Erfindung bewies zuerst, daß Glas das Weiß des Kristalls nachahmen kann, und da der Menschen Geist rastlos ist und nicht faul, Erfindungen etwas hinzuzufügen, begannen sie, den Stoff in verschiedene Farben und zahllose Formen zu verwandeln … Es gibt kein edles Gestein, das der Fleiß der Glasmacher nicht imitieren könnte, ein süßer Wettkampf zwischen Natur und Mensch … Wem mag es wohl als erstem in den Sinn gekommen sein, in eine kleine Kugel all die Arten von Blumen einzuschließen, die im Frühling die Wiesen schmücken. Und doch wurden solche Dinge als Exportartikel den Blicken aller Nationen dargeboten.‹ Diese Feststellung enthält manches Reizvolle, nicht zuletzt den Hinweis auf eine Kugel mit Blumen in ihrem Innern. Man hat sich darunter etwas Ähnliches wie die Millefiori-Paperweights vorgestellt, die um die Mitte des 19. Jahrhunderts so beliebt wurden. Da es aber keine venezianischen Beschwerer so frühen Datums gibt, müssen wir andere Möglichkeiten in Betracht ziehen. Glaskugeln, als Handkühler gedacht, wurden im 15. Jahrhundert hergestellt und es ist möglich, daß einige unter ihnen erste Millefiori-Dekors enthielten. Andere Experten nehmen heute aber an, daß Sabellico lediglich von den Millefiori-Canes als solchen sprach, und halten es für ausgeschlossen, daß Glaskugeln für den Handel hergestellt wurden, ganz gewiß nicht für den Export, wie Sabellico schreibt. Diese Passage aus ›De Situ Urbis Venetae‹ ist die Ursache vieler Ungenauigkeiten und irreführender Behauptungen in den im 18. und 19. Jahrhundert erschienenen Büchern über venezianisches Glas. Außerdem darf man nicht vergessen, daß es unmöglich gewesen wäre, Glaskugeln von fleckenloser Reinheit, wie man sie für Paperweights benötigt, herzustellen, bevor George Ravenscroft 1676 sein Bleiglas vervollkommnete. Zudem kam auch das Papier erst im 18. Jahrhundert allgemein in Gebrauch, und erst dann konnte sich die Notwendigkeit, es zu beschweren, ergeben. Wir können deshalb mit Sicherheit ausschließen, daß noch weitere venezianische Paperweights aus der Zeit der Renaissance auftauchen werden.

Die Venezianer entwickelten auch das Latticinio-Dekor, bei dem Fäden von opakem (meist milchweißem) Glas, zu einem Gitter verwebt, in klares Glas eingebettet werden. Diese Art Dekor wurde in Venedig vom 16. Jahrhundert an häufig für Stiele von Weingläsern und für Henkel von Glasgefäßen verwendet. Latticinio gelangte in andere Teile Europas und war im 17. Jahrhundert so gut wie überall verbreitet. Bei Paperweights wird es als Untergrund für einzelne Blüten oder als Trennung zwischen Millefiori-Segmenten verwendet.

Im 17. und frühen 18. Jahrhundert waren auch Blumen und Früchte aus Glas eine venezianische Spezialität. Sie wurden für die selteneren Paperweights des 19. Jahrhunderts charakteristisch, wenngleich sich nicht nachweisen läßt, daß die Venezianer solche Objekte jemals in Glas eingeschmolzen haben.

1798 eroberte Napoleon die Repubblica Serenissima di San Marco, und das Gebiet von Venedig wurde dem Habsburger Reich angegliedert. Auf dem Tiefpunkt seines politischen Schicksals erlitt Venedig einen Rückgang seines Handels und Gewerbes, und zu Beginn des 19. Jahrhunderts war Glasherstellung praktisch nicht mehr existent. Ihre Wiederbelebung war weitgehend Pietro Bigaglia zu verdanken, dessen Familie seit dem späten 17. Jahrhundert Murano-Glashütten betrieben hatte. Bigaglia erweiterte seine Herstellung von Platten- und Spiegelglas auf farbige Glaslampen, dekorative Glasgegenstände und andere Glasartikel, darunter auch Glas-Paperweights (ital. fermacarte). Apsley Pellatt, auf dessen eigenen Beitrag zur Kunst des Paperweights später noch näher eingegangen wird, beschreibt in seiner 1849 erschienenen Abhandlung ›Curiosities of Glass-Making‹ die venezianischen Kugeln jenes Jahrzehnts folgendermaßen: ›Eine Sammlung von Abfallstücken von Filigranglas, ohne regelmäßiges Muster miteinander verschmolzen. Dies wird in eine Tasche aus durchsichtigem Glas gepackt, die durch Aufsaugen bindend über die innere Masse geklappt wird, wodurch Außendruck der Luft entsteht.‹ Die frühesten Beispiele waren würfel- oder zylinderförmig, die typische Halbkugel mit flacher Basis entstand erst später. Ein geplantes Muster von Millefiori-Canes wurde kaum angestrebt; sie wurden einfach gebündelt und eng gepackt ohne besondere Rücksicht auf ästhetische Wirkung. Paperweights mit einem datierten Cane sind seit 1845 nachgewiesen, und man darf wohl annehmen, daß solche Beschwerer von Bigaglia, Franchini und ihren Konkurrenten seit 1842 oder 1843 hergestellt wurden, da die datierten Paperweights an Technik und Bearbeitung einigen der undatierten aus jener Zeit überlegen sind. Die venezianischen Beschwerer hatten nicht die Tiefe der später in Frankreich und anderswo vervollkommneten, und man versuchte kaum jemals, sich den Vergrößerungseffekt der umschließenden Kuppel zunutze zu machen. Das Glas der venezianischen Paperweights war meist opak und nicht so glänzend geschliffen wie das der französischen. Die venezianischen Hersteller scheinen nie entdeckt zu haben, daß man die Wirkung des Millefiori durch Vergrößerung mit Hilfe der Glaskuppel steigern könne. Das gilt auch für andere venezianische Neuheiten, wie Vasen, Schalen und Knäufe, denn man überzog das Millefiori-Dekor nur leicht mit klarem Glas.

Im Mai 1845 fand in Wien eine Österreichische Industrie-Ausstellung statt. Venedig, bis zu seiner Befreiung 1866 Teil der österreichischen Provinz Lombardei-Venedig, war auf dieser Ausstellung vertreten, und Bigaglia stellte Exemplare seiner Millefiori-Paperweights vor. Sie erregten die Aufmerksamkeit

Eugène Péligots vom Conservatoire des Arts et Métiers in Paris, der als Beobachter der Pariser Handelskammer die Ausstellung besuchte. Péligot berichtete danach über die venezianischen Briefbeschwerer und soll sie, wie allgemein angenommen wird, in Frankreich eingeführt haben. Das kann aber nicht ganz stimmen, denn z. B. die frühesten datierten Paperweights aus Saint Louis tragen die Jahreszahl 1845 und waren damals schon viel weiter entwickelt als ihre venezianischen Gegenstücke. Man kennt Paperweights, die Saint Louis zugeschrieben werden, bei denen die Canes die Kuppel nach venezianischer Art fast völlig ausfüllen, und die also nicht den für spätere Paperweights charakteristischen Vergrößerungseffekt haben. Daraus läßt sich schließen, daß französische Exemplare bereits vor 1845 hergestellt wurden (franz. presse-papiers).

## Böhmisches Glas

In Böhmen und Schlesien wurde Glas seit dem 14. Jahrhundert, wenn nicht schon früher, hergestellt. Die Erzeugnisse dieser Gebiete verdrängten im 17. Jahrhundert allmählich das venezianische Glas von den Märkten Deutschlands und Nordeuropas. Im späten 18. Jahrhundert war in Deutschland verschiedentlich der Vorschlag laut geworden, das venezianische Millefiori-Dekor nachzuahmen, aber erst 1833 unterstützten die preußischen Behörden finanziell das Projekt von Dr. W. E. Fuss, Millefiori-Glas in Hoffnungstal in Schlesien herzustellen. Das Unternehmen war ein kommerzieller Erfolg, und bald produzierten auch andere Glashütten in Schlesien und Böhmen Gegenstände mit Millefiori-Dekor. Zu den bedeutendsten Herstellern auf diesem Gebiet gehören F. Egermann in Antoniwald und Franz Pohl von der Josephinenhütte. Sie produzierten alle möglichen Glasgegenstände mit Millefiori-Dekor im venezianischen Stil, aber Briefbeschwerer als solche tauchten erst nach 1840 auf. Der früheste datierte Beschwerer stammt aus dem Jahre 1848, aber die Böhmen hatten bereits fünf Jahre zuvor Inkrustationen (s. nächstes Kapitel) hergestellt, und da sie dieselbe Technik des Einfaltens der Verzierung in klarem Glas verwendeten, nimmt man an, daß Millefiori-Paperweights in Böhmen und Schlesien um 1845 oder 1846 gefertigt wurden. Historiker haben sich über das genaue Datum lange den Kopf zerbrochen, und ehe sich dies nicht zuverlässiger nachweisen läßt, wird man kaum mit Sicherheit sagen können, ob die Böhmen die Venezianer und Franzosen nachgeahmt haben oder umgekehrt. Es hat sicher etwas zu bedeuten, daß böhmische Paperweights in den Berichten über die Wiener Ausstellung vom Mai 1845 nicht erwähnt werden, obwohl Böhmen (heute: Tschechoslowakei) damals Teil des Habsburgischen Herrschaftsbereichs war.

Die böhmischen Paperweights von 1848 waren technisch den in Frankreich hergestellten ebenbürtig, was entweder auf mehrere Jahre allmählicher Entwicklung hindeutet oder auf das Auftauchen einer fortgeschrittenen Kunstform über Nacht. Da das Millefiori-Dekor bei Flaschenstöpseln und anderen Glasartikeln seit Mitte der 30er Jahre des 19. Jahrhunderts Verwendung fand, scheint die erste Annahme eher zuzutreffen. Weitere Forschungen über die Vorläufer der Glas-Paperweights haben ergeben, daß diese attraktiven Spielereien in Italien, Böhmen und Frankreich mehr oder weniger gleichzeitig und unabhängig voneinander entworfen und entwickelt worden sind. Die Geschichte der Paperweights in diesen drei Ländern, ihre Merkmale, Umrisse und Besonderheiten werden in den folgenden Kapiteln ausführlicher besprochen.

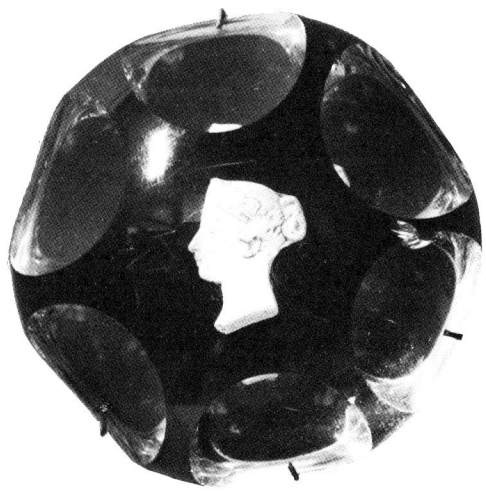

*2 Großer Overlay-Paperweight mit Königin-Victoria-Sulphide, geschliffen, 9,5 cm*

▶

*3 Kleiner facettierter Paperweight mit Porträt von Benjamin Franklin auf türkisfarbenem Grund*

*4 Kleines Sulphide mit dem Doppelprofil von Königin Victoria und Prinz Albert auf klarem Grund, Clichy, 7 cm*

# 2. Sulphides und andere Einschlüsse

Zwar bilden Millefiori und Latticinio den Großteil der dekorativen Motive in Glas-Paperweights, als bedeutende Minderheit gibt es aber auch die wichtige Gruppe, die man Sulphides oder Inkrustationen nennt. Da ihr Aussehen und ihre Herstellungstechnik sie von den meisten anderen Paperweights unterscheiden, ist es besser, sie getrennt zu behandeln, und da sie vor den Millefiori-Beschwerern aufgetreten sind, ist es logisch, sie zuerst zu besprechen.

Die Erfindung der Kameen-Herstellung aus Glasmasse (pâte-de-verre; Glaspaste) wird James Tassie (1735–99) zugeschrieben, einem Glasgower Steinmetz, der an der Glasgow Academy of Fine Arts Bildhauerei studierte. 1763 ging er nach Dublin und wurde von Dr. Henry Quin, King's Professor of Physics, in der Forschung glasiger Substanzen beschäftigt. Quin und Tassie vervollkommneten die ›Schmelzglas-Synthese‹, die Tassie später verwendete, um

die in Wachs modellierten Porträts zu gießen. Tassie und sein Neffe William, der sein Nachfolger wurde, hüteten die Formel dieser Glasmasse streng, und der jüngere Tassie scheint das Geheimnis mit ins Grab genommen zu haben, da sie damals von keinem anderen Modellierer verwendet worden zu sein scheint. 1766 ließ sich Tassie in London nieder und begann mit dem Handel von Reproduktionen griechischer und anderer gravierter Gemmen. Die hohe Qualität seiner Arbeiten wurde rasch bekannt, und sie gelangten bald in die reichsten Sammlungen Englands sowie auf dem Kontinent. Die Londoner Juweliere kreierten die Mode, Tassie-Gemmen in Ringe, Siegel und anderem Schmuck gefaßt zu tragen, und so fanden seine Reproduktionen schnellen Absatz. Um 1769 stellte er auch Modelle für Josiah Wedgwood her; die meisten Kameen und Intaglios in Wedgwoods erstem Katalog, 1773 erschienen, waren Abgüsse nach Formen von Tassie. Später beschränkte sich Wedgwood allerdings darauf, seine eigenen Künstler zu beschäftigen, und etwas von der Rivalität, die zwischen beiden entstand, läßt sich Wedgwoods ziemlich mürrischer Bemerkung über Tassie entnehmen, er sei ›ein bewundernswerter und ehrenwerter Mann, mit dem zu wetteifern eine Ehre ist, auch wenn seine Siegel nicht so gut sind wie meine‹. Tassies erster, eigener Katalog erschien 1775 und zählte über 3000 Stücke auf. Um 1783 war sein Ruhm bis nach Rußland gedrungen, wo die Zarin Katharina einen kompletten Satz von Tassie-Gemmen und Kameen in Auftrag gab. Diese Sammlung wurde von Rudolph Raspe, Kurator des Anti-

◄

5 *Sulphide von König Louis*
*Philippe (1830–48) auf blauem*
*Grund, Baccarat, 8,6 cm*

6 *Großes Sulphide-Porträt*
*von König George III., zwi-*
*schen 1825 und 1850 entstanden,*
*15,2 x 11,4 cm*

7 *Blaugrundiger, facettierter*
*Paperweight mit Sulphide-Figur*
*von Napoleon, umgeben von*
*Girlande aus rosa und grünen*
*Rosen, Fensterschliffe, Chlichy,*
*9 cm*

8 *Sulphide der Unbefleckten*
*Empfängnis auf rubinrotem*
*Grund, Baccarat, 8,2 cm*

ken-Museums in Kassel, katalogisiert, und unter den etwa 15 800 Stücken be-
fanden sich hauptsächlich Reproduktionen antiker Gemmen.

Wenn man sich Tassies als eines fähigen, eigenständigen Künstlers erinnert, gilt
das aber seinen ursprünglichen Porträt-Medaillons. Alljährlich, von 1769 bis
1791 (außer 1780) wurden Exemplare, die er in Wachs modellierte, meist direkt
vom lebenden Modell, und dann in seiner harten, weißen Glasmasse goß, in
der Royal Academy ausgestellt. Bei den frühesten Stücken sind nur Kopf und
Büste in Glasmasse ausgeführt. Diese wurden dann auf Glas-Untergründe
montiert, die man tönte, indem man farbiges Papier unterlegte. Später gelang
es Tassie, Porträt und Hintergrund in einem Stück zu gießen. Sein Biograph
John Gray beschreibt die Medaillons so: ›Es gibt eine große Vielfalt von Farb-
tönen, Strukturen und Gesamtwirkung. Manchmal gelingt ihm eine dem Porzellan ähnliche Farbe und Oberfläche; dann wieder imitiert er mit großer
Schönheit den gelblichen Ton und die besondere Zeichnung von gealtertem El-
fenbein; oder er will die Wirkung des Bildhauer-Marmors erzielen und repro-

duziert seine feinen Streifen und Linien in zartem Blau.‹ James und William Tassie haben über 500 verschiedene Medaillons mit zeitgenössischen Porträts hergestellt. Etwa von 1765 hat auch John Wilson Original-Porträts unter Verwendung einer weißen Glasmasse produziert.

Tassie hatte ungeheuren Einfluß auf die dekorativen Glaserzeugnisse von Böhmen, und gegen Ende des 18. Jahrhunderts wurden seine frühen Experimente, seine Kameen in Glas einzubetten, von den Böhmen weiterentwickelt. Um 1790 begannen in Frankreich Glasgegenstände mit eingeschmolzenen Medaillons aus Ton oder Glasmasse aufzukommen; die Fabrik Boileau in Gros-Caillou bei Paris spezialisierte sich auf diese Form. Sulphides, wie man diese glas-inkrustierten Kameen bald nannte, waren auf dem Kontinent von 1800 bis etwa 1830 sehr beliebt, dann kamen sie aus der Mode. Zwar waren sie vor allem ein europäisches Produkt, den stärksten Impuls gab aber die Forschung von Apsley Pellat, einem englischen Glas-Fabrikanten, der seinen Prozeß der ›crystallo-ceramic‹ 1819 patentieren ließ: ›Die Figur, die für die Inkrustation gedacht ist, muß aus Materialien sein, die einen höheren Hitzegrad für ihre Aushärtung erfordern als das Glas, in das sie inkrustiert werden sollen; das sind Porzellanerde und Silikate der Pottasche, gemahlen und in solchem Verhältnis gemischt, wie es sich durch Erprobung mit der Dichte des Glases verträgt.‹ Pellatts Beitrag zur Literatur des Glasmachens war fast so großartig wie die Techniken der Glasherstellung, die er entwickelte. Er beschrieb den Prozeß der Herstellung seiner Sulphides in seinem 1821 erschienenen Buch ›Glass Manufactures‹. ›Durch den verbesserten Prozeß‹, schrieb Pellatt in einem anderen seiner Bücher, ›Memoir on the Origins of Glassmaking‹, ›können Ornamente jeder Art und Landschaften in allen möglichen Farben ins Glas eingelegt werden. Die Substanz, aus der sie geformt sind, ist weniger leicht schmelzbar als Glas und kann vorher durch Gießen oder Modellieren geformt werden; auch kann man sie mit Emailfarben bemalen, die man fixiert, indem man sie der Schmelztemperatur aussetzt. Beispiele dieser Inkrustationen sieht man nicht nur an Karaffen und Weingläsern, sondern auch an Lampen, Leuchtern, Kaminornamenten, Tellern und Riechfläschchen. In kleinem Umfang wurden auch Büsten und Statuen als Füße für Lampen und Uhren sowie Masken nach antiken Vorbildern mit bewundernswerter Wirkung eingeführt.‹

1813 ließ Pellatt seine Gußform für die Herstellung ›glasierter Tonwaren‹ patentieren. Durch Gebrauch dieser Form konnte er Kameen gießen, über die man nacheinander Schichten von geschmolzenem Glas fließen ließ und so einen Paperweight aufbaute. Sulphide-Paperweights von Apsley Pellatt waren im 19. Jahrhundert ungeheuer beliebt. Sie können fein ausgeführte Landschaften oder Porträts berühmter Persönlichkeiten enthalten. Queen Victoria und Prinzgemahl waren beliebte Motive für Paperweights und natürlich auch der Kristallpalast, Schauplatz der Weltausstellung von 1851.

9

10

11

12

9 Ungewöhnlich: Kaiserkrone mit
drei Blüten. Hiervon sind nur zwei
oder drei Exemplare bekannt.
10 Selten: Der Schmetterling sitzt
auf einer gelben Doppel-Clematis
11 Komplizierte Millefiori-Girlande
auf rosa Grund (Spink & Son)
12 Selten: Gelb-blaue Clematis auf
sternförmig geschliffenem Grund
13 Flaches Bouquet mit tausendblättri-
ger Rose und gelber Clematis (Tillman)

13

14

15

16

17

18

19

21 Porträt von William Shakespeare, Sulphide, England, Mitte 19. Jh., 7 cm

20 Sulphide-Paperweight mit Porträt des schottischen Nationaldichters Robert Burns von John Ford, Edinburgh, Mitte 19. Jh., 7 cm

In Frankreich wurden Sulphides von Saint-Amans und dem Pariser Bildhauer Desprez hergestellt, dessen Sohn um 1819 begann, sie in Glas zu inkrustieren. Im frühen 19. Jahrhundert produzierten die Glashütten von Mont-Cenis und Creusot Sulphides, längst bevor Baccarat, Clichy und Saint Louis mit der Herstellung von Millefiori-Beschwerern anfingen. Der französische Künstler Martoret stellte einen signierten Paperweight mit einem Sulphide der Weltausstellung von 1851 her, Himmel und Schrift in blassem Blau. Dabei darf man nicht vergessen, daß die Sulphide-Paperweights, die vor 1840 hergestellt wurden, flach und rechteckig waren und etwas ganz anderes als die gerundeten, kugelförmigen der 1840er und 1850er Jahre.

Nach der Entwicklung des Glas-Paperweights war es nur natürlich, daß Sulphide als dekoratives Medium verwendet wurden. Sulphide-Paperweights

◀ Tafel II: Baccarat

14 Verstreute Canes, teils mit Tier-Silhouetten, auf Musselin-Grund (Spink & Son)

15 Schöner Mushroom-Paperweight aus dichtem Millefiori, umgeben von blau-weißem Latticino (Spink & Son)

16 Schönes Rosenmotiv, eine rosa Zentifolia aus dicht gepackten, konzentrischen Blättern

17 Gelbe Doppel-Clematis mit zwei Kospen (Tillman)

18 Apfelmotiv auf klarem Glasgrund, sternförmig geschliffen (Spink & Son)

19 Großes, facettiertes Bouquet (Tillman)

*22 Facettierter Paperweight mit Jagdszene, Sulphide, Baccarat, 8,2 cm*

wurden in Baccarat und Clichy im 19. Jahrhundert hergestellt, allerdings nicht in Saint Louis, und wurden auch noch produziert, nachdem die Millefiori-Paperweights aus der Mode kamen. Bei fast allen Baccarat-Paperweights sind die Sulphides auf einem schlichten Untergrund inkrustiert, während man in Clichy meist eine Umrandung aus Millefiori einschloß. Baccarat produzierte Sulphide-Porträts aller volkstümlichen Helden der Zeit – Napoleon Bonaparte, Napoleon III., Herzog von Orleans und unparteiisch auch König Louis Philippe, Benjamin Franklin, George Washington, Zar Nikolaus I., Papst Pius IX. und Queen Victoria. Auch biblische Motive, die Jungfrau Maria und die Heiligen waren als Motive beliebt.

In fast ebenso großem Umfang gingen Sulphides aus Clichy hervor. In Saint Louis dagegen wurden bis in die neuere Zeit verhältnismäßig wenige hergestellt. Aus Clichy kamen Sulphides mit den Porträts von Chateaubriand, St. Vincent de Paul, Alfred de Musset, Marie Antoinette, Kaiserin Elisabeth und der heiligen Elisabeth, sowie andere, beliebte Darstellungen, die auch Baccarat bevorzugte. Das Typische an den Sulphides von Clichy war der farbige Grund, von hellem Grün bis dunklem Aquamarinblau und sogar Schwarz. Die Sulphides von Saint Louis lagen in klarem Glas und hatten oft einen Lorbeerkranz um das Profil, und man verwendete häufig Unterlagen aus winzigen Millefiori-Canes und attraktive Überfangformen und Facettierungen. Zu den ungewöhnlichen Motiven für Sulphides aus dieser Fabrik gehören Blumenbuketts und Karpfen. 1953 brachte Saint Louis auch einen schönen Sulphide-Paperweight zur Feier der Krönung von Queen Elizabeth II. heraus. Dieser erfolgreiche Anfang wurde erst viel später die Basis zur Ausgabe dann zahlreich folgender Sulphides. Doch blieb es Baccarat erst überlassen, diese Tradition fortzusetzen.

Auf Anregung von Paul Jokelson, des bedeutenden Sammlers und Autors auf

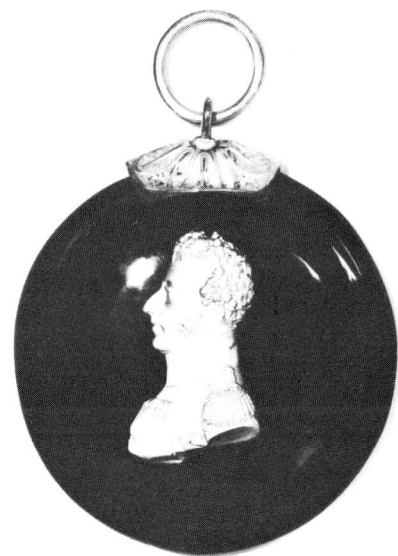

23 Sulphide-Medaillon eines unbekannten französischen Offiziers mit
Orden St. Esprit und Medaillen auf
grünem Glashintergrund, 9 cm

24 Sulphide-Plakette von Apsley Pellat
mit Porträt eines unbekannten Herrn,
10,5 cm

dem Gebiet der Paperweights, nahm Baccarat 1951 die Kunst der Sulphides
wieder auf. Jokelson sandte Baccarat ein Exemplar einer Medaille für den
Wahlkampf des Präsidenten Eisenhower und schlug vor, man solle sie als Basis
eines Sulphide-Paperweights verwenden. Nach vielen Versuchen gelang es
Baccarat, ein Sulphide zu machen, das zwar künstlerisch unbedeutend war,
aber die Temperatur des geschmolzenen Glases und seine Abkühlung aushielt,
ohne zu springen oder zu gilben. Nur 153 Eisenhower-Paperweights wurden
hergestellt, ohne Facetten und auf bläulichem Grund. Sie waren so wenig
schön, daß sie kaum verkäuflich waren. Heute erzielen sie als Prototyp des
neuen Booms in Paperweights hohe Preise. Jokelson drängte Baccarat, einen
Paperweight zu Ehren der Krönung von Queen Elizabeth im Juni 1953 heraus-
zugeben. Das Doppelprofil von Queen Elizabeth und Prince Philipp wurde
von Gilbert Poillerat geschaffen und als Sulphide für einen Paperweight in begrenzter Auflage von 1492 normalen und 195 Überfang-Beschwerern gegos-

25 Overlay-Paperweight
mit Porträt von Leo-
nardo da Vinci, D'Al-
bret (Tillman)

▶

26 Facettierter Paper-
weight mit Porträt
des Prinzen von Wales,
D'Albret (Tillman)

27 Overlay-Paperweight
mit Doppelporträt der
Königin Elisabeth II.
und des Prinzen Philip
(Tillman)

sen. Der große Erfolg dieses Paperweights war der Wendepunkt; Baccarat hat seitdem eine eindrucksvolle Reihe von Porträt-Paperweights herausgebracht. Da der größte Teil der Baccarat-Paperweights heute für den amerikanischen Markt bestimmt ist, haben die meisten Darstellungen eine Beziehung zu den USA – Washington, Franklin, Lincoln, Jefferson, Robert E. Lee sowie Persönlichkeiten jüngerer Zeit, wie John F. Kennedy, Sam Rayburn und Jimmy Carter. Ein francoamerikanischer Ton wurde mit der Herausgabe eines Paperweights mit dem Porträt des Marquis de Lafayette im Jahr 1959 angeschlagen, um seinen 200. Geburtstag hervorzuheben. In anderen Sulphides sind die Päpste Pius XII. und Johannes XXIII. porträtiert, ein Sulphide mit Martin Luther sorgte für religiöses Gleichgewicht. Die neuesten Sulphides porträtieren prominente Amerikaner – Theodore Roosevelt, den Humoristen Will Rogers, die Präsidenten James Monroe und Herbert Hoover, die Politiker Adlai Stevenson und Eleanor Roosevelt zum Gedächtnis für ihre Arbeit auf dem Gebiet der Internationalen Menschenrechte. Der Umfang der Auflagen ist im Lauf der Jahre leicht gestiegen und steht jetzt bei einem Durchschnitt von 2500 regulären und 400 Überfang-Exemplaren. Dieselben Techniken haben für eine unlimitierte Auflage von zwölf Paperweights gedient, die die Tierkreiszeichen darstellen. Die Motive wurden von Poillerat nach Zeichnungen von Raphael geschaffen und erschienen 1955, auf blaßblauem Grund, ursprünglich in einer limitierten Auflage von je 150 Exemplaren. Später kamen sie in unbegrenzten Mengen heraus, auf kobaltblauem Grund und mit Fensterschliff. Wegen der interessanten Lichtbrechungen und Reflexionen werden Sulphide-Paperweights fast immer angeschliffen.

Bei Saint Louis erschien dann nach dem Sulphide General Ingold 1967, anläßlich der 200-Jahrfeier als Kristallglashütte unter dem Namen Saint Louis, die
Ausgabe eines Sulphide-Paperweights mit einem Seitenporträt – Sulphide des
Königs Saint Louis von Frankreich (1215–1270; Namenspatron). Das Sulphi-
de, in klarem angeschliffenem Kristallglas, ist in einem Kreis Millefiori-Canes
eingerahmt, und auf der Rückseite trägt es die Inschrift 1767 SL 1967. 2000
Stück davon (zusätzlich einige Stücke auch als Overlay-Paperweights) wurden
an alle Mitarbeiter sowie Freunde und Kunden der Kristallerie verschenkt.
Es folgten zu besonderen Gedenk-Anlässen Sulphide-Paperweights mit Sulphides der Schah-Familie, Robert Schuman, Charles de Gaulle, General La
Fayette und Amour.
Ganz neue und bisher auch von keinem anderen Paperweight-Hersteller gezeigt, bringt Saint Louis jetzt auch regelmäßig Paperweights mit eingeschmolzenen Goldfolienprägungen heraus, die den Wert der Paperweights naturgemäß noch steigern. General Washington als Reiterstandbild, die Totenmaske
des ägyptischen Königs Tut-ench-Amun und zuletzt die Maske des Königs
und Feldherrn Agamemnon aus der griechischen Sage sind die ersten Ausgaben. Sie sind perfekt gemacht.
Als Spezialist für die Herstellung von Sulphide-Paperweights können neben
den beiden altbekannten Firmen Baccarat und Saint Louis die Cristalleries et
Verreries de Viaume bezeichnet werden, die unter dem Namen Cristal d'Albret seit etwa 1966/67 hübsche Exemplare – auch in der Overlay-Technik – fast
ausschließlich für den amerikanischen Markt herausgeben. Die dargestellten
Motive beziehen sich dementsprechend häufig auf Personen der amerikani-

schen Geschichte. Die Auflagenhöhe ist mit meistens 2000 pro Motiv recht bedeutend.

Wie oft bei den Sulphides von Baccarat und Saint Louis stammen auch hier die Sulphide-Prägeformen von Gilbert Poillerat, dem auf diesem Gebiet sehr bekannten französischen Zeichner und Bildstecher. Poillerat arbeitete in Staatsdiensten als Kupfer- und Stahlstecher für Briefmarken und Banknoten.

## Englische Sulphides

Seltsamerweise haben die Firmen, die Sulphides machten, nie Millefiori-Paperweights hergestellt, und die Glashütten, die auf Millefiori spezialisiert waren, haben sich nie mit Sulphides beschäftigt. Außer von Apsley Pellatts ›Falcon‹-Glashütte, wo ›letter-weights‹ von etwa 1821 bis 1840 produziert wurden, wurden die besten Sulphide-Paperweights von Allen & Moore, William Kid in London, Oslers in Birmingham, Lloyd & Summerfield in Birmingham und John Ford in Edinburgh hergestellt. Die Skala der Porträts war ziemlich begrenzt, denn die Hersteller konzentrierten sich auf Mitglieder der englischen Königsfamilie und prominente Politiker aus der Mitte des 19. Jahrhunderts, wie Robert Peel und den Duke of Wellington. Es gab viele Sulphides mit neoklassizistischen Motiven, auch verschiedene Versionen des Kristallpalastes der Weltausstellung von 1851 sind in englischen Sulphide-Paperweights festgehalten. Obwohl strenggenommen keine Sulphide-Beschwerer, gab es ›Porträt-Medaillons‹ in Briefbeschwerern aus Glas, den Negativabdruck eines Profiles auf der Rückseite. Diese Wirkung erzielte man offenbar, indem man das Relief eines Porträts in das noch flüssige Glas drückte und den Eindruck dann nachträglich in Flußsäure mattierte. Unter anderen war auch Aslers auf diese ungewöhnliche Herstellungsart des Glas-Paperweights spezialisiert (Intaglio).

## Amerikanische Sulphides

Es gibt viele Beispiele von Sulphide-Paperweights, die in der zweiten Hälfte des 19. Jahrhunderts in den Vereinigten Staaten entstanden, aber außer in ein paar seltenen Fällen lassen sich diese Beschwerer kaum mit Sicherheit bestimmten Firmen zuschreiben. Den Löwenanteil an der Produktion hat man zwar der New England Glass Company zugeschoben, konnte aber nie wirklich schlüssige Nachweise dafür erbringen. Zu den Firmen, die nachweislich Sulphides hergestellt haben, gehört auch Bakewell in Pittsburgh, seit 1839. Im allgemeinen wirken amerikanische Sulphides ziemlich grob, und die Qualität von Hintergrund und umschließendem Glas ist gering. Abgesehen von der allgegen-

28 *Overlay-Sulphide, Mark Twain darstellend, D'Albret (Tillman)*
29 *Overlay-Paperweight, Christopher Columbus darstellend, D'Albret (Tillman)*

wärtigen Queen Victoria waren amerikanische Politiker und Helden der Indianerkämpfe und des Bürgerkriegs die beliebtesten Gegenstände. Ein paar davon porträtierten unbekannte Schönheiten und gehörten zu der Sorte wertloser, kitschiger Neuheiten, die wahrscheinlich als Jahrmarktspreise verteilt wurden. Sie besitzen dabei einen gewissen drolligen, naiven Reiz und werden deshalb heute von amerikanischen Sammlern konsequent eifrig weggeschnappt. Wenige dieser Paperweights fanden den Weg nach Europa. Beim heutigen Wiederaufleben der Paperweights scheinen die amerikanischen Hersteller an Sulphides überhaupt nicht gedacht zu haben.

## Sulphides anderer Länder

Obwohl die böhmischen Glashütten in der Produktion von Glas-Briefbeschwerern ganz vorn lagen und Sulphides für den Einschluß in Stöpsel, Kelchgläser und Türknäufe fabrizierten, scheinen die Böhmen Sulphides nie als Paperweights hergestellt zu haben. Nachdem Böhmen allerdings Teil der unabhängigen Republik Tschechoslowakei geworden war, entstand ein spätes Interesse an Inkrustationen, und ein paar hübsche Sulphide-Paperweights erschienen in den Jahren nach 1920 und 1930. Charakteristisch für tschechische Sulphides sind ihre hochgewölbte Rundung und die besondere, gelb-braune Tönung des Glases. Dies gilt als ein Kennzeichen der klassischen, böhmischen Paperweights. Motive waren Tiere, besonders Vögel und Christusbüsten und

-köpfe, aufrecht und dreidimensional dargestellt. Wie böhmische Paper-weights allgemein, waren diese Sulphides oft insgesamt facettiert, was ihnen ein ungewöhnliches Aussehen verleiht.

Aus dem 19. Jahrhundert sind ein paar Sulphide-Paperweights mit Porträts von Königen, Königinnen und volkstümlichen Persönlichkeiten, die belgische oder skandinavische Herkunft vermuten lassen. Man weiß praktisch nichts über diese Beschwerer und kann ebenso gut annehmen, daß sie in Frankreich für den Export in diese Länder hergestellt wurden. Allerdings haben Belgien wie Schweden eine alte Tradition des Glasmachens, die Möglichkeit einheimi-scher Manufaktur läßt sich daher nicht ausschließen. Die Glashütten von Kosta und Orrefors in Schweden haben in den letzten Jahren ausgezeichnete und un-gewöhnliche Paperweights hervorgebracht, aber nirgendwo wurde bisher mit Sulphides experimentiert.

*30  Millefiori-Paperweight, Pietro Bigaglia, Murano*

# 3. Venezianische Paperweights (Murano)

Die Herstellung von Glas-Paperweights (ital. fermacarte oder pressacarte) begann in Venedig um 1843 und hatte ihren Höhepunkt innerhalb eines Jahrzehnts überschritten. Man produzierte sie allerdings noch viele Jahre, und das Souvenir-Geschäft brachte in neuerer Zeit einen Aufschwung.

Die klassischen, venezianischen Paperweights wiesen eine große Vielfalt von Formen auf und hatten nicht immer den für andere Paperweights typischen, abgeflachten Boden. Ihr Hauptmerkmal ist ihre relativ schwache Wölbung; man machte also wenig Gebrauch von der vergrößernden Wirkung des klaren Glases. Die Qualität des Glases war geringer als die des Materials, das man in Böhmen oder Frankreich verwendete. Das Glas war aus Natronkalk zusammengesetzt und wirkte oft getönt oder halb-opak. Die Oberfläche der Paperweights war oft rauh und fleckig und hatte meist nicht den sorgfältigen Schliff der französischen Paperweights. Die Millefiori-Canes waren dicht durcheinander gepackt, man bemühte sich kaum um bewußte Anordnung. Bei neueren Paperweights waren die Canes gleichmäßiger verteilt.

Die Muster der frühen Paperweights waren nach Entwurf und Komposition begrenzt, man verwendete hauptsächlich gerade oder gewellte Canes, Sterne und Rädchen. Die Canes waren verhältnismäßig einfach. Sie bestanden nur aus maximal sechs schmalen Stäbchen, eine bemerkenswerte Ausnahme war dabei ein Millefiori-Stab aus vielen dünnen Stäbchen, nach römischem Millefiori-Muster kreisförmig angeordnet. Die Farben waren zumeist ziemlich grell. Alle geschilderten Kriterien gelten ausnahmslos auch für die heutige Paperweight-Produktion Muranos.

Die venezianischen Millefiori-Erzeugnisse sind für ihre Silhouetten-Canes bekannt, die es in großer Auswahl gab. Die Leistungen damaliger italienischer Glasmacherkunst sind beachtenswert. Heute ganz sicher mehr als früher.

Beim Betrachten dieser alten, so komplizierten Silhouetten wird es nicht verständlich, warum alle anderen in Murano gefertigten Canes (auch heute noch!) nie diese Schönheit und Kompliziertheit auch nur annähernd erreichten.

Diese ›Glas-Bildchen‹ sind so unvorstellbar fein und naturgetreu ausgebildet, daß man glaubt, Fotos oder Malerei vor sich zu haben. Aber man muß sich erinnern, daß auch diese Porträts aus glühendem, flüssigem Glas – zuerst nur relativ grob – zusammengeschmolzen wurden. Da sie bei der Identifizierung der Paperweights helfen, lohnt es sich, ausführlicher auf sie einzugehen. Zu den menschlichen Figuren gehören ein Neger in gestreiften Hosen und eine laufende Gestalt, die vielleicht den Teufel darstellen sollte. Unter den Tier-Silhouetten findet man ein Pferd, eine weiße Ziege, einen geduckten Hund und einen Pelikan. Andere Motive sind eine Gondel, ein Schachbrett und der Eisenbahndamm nach Venedig, der 1846 fertiggestellt wurde. Eine Reihe von Canes zeigen Profile von Leuten, vor allem Damen. Aus patriotischen Gründen gab es gegen 1870 einen kurzen Aufschwung von Porträt-Canes. Aus dieser Zeit stammen Paperweights mit winzigen Bildern von Garibaldi, Cavour und anderen volkstümlichen Helden. Es sind auch solche mit Beschriftung nachgewiesen. An dem Signum PB und GBF erkennt man Bigaglia und Franchini, die die Paperweights herstellten; dagegen lassen sich andere – FC, AC, B, R, MR und CW nicht mit Sicherheit identifizieren. Ein Beschwerer von 1846 trägt die Initialen FI (Ferdinand Imperator) und das österreichische kaiserliche Wappen. Man kennt Paperweights mit Datierungen von 1845 bis 1848, trotzdem sind datierte Exemplare verhältnismäßig selten. Ein interessanter und ungewöhnlicher Paperweight hat sogar ein Cane mit der vollen Bezeichnung des 9. Kongresses der Wissenschaftler, der 1847 in Venedig stattfand. Bigaglia stellte nochmals auf der Weltausstellung von 1851 aus, scheint sich aber danach von der Herstellung von Paperweights abgewandt zu haben. Die Venezianer produzierten dann zwar keine Paperweights mehr, aber andere Glasgegenstände mit Millefiori-Dekor. Außer Bigaglia und Franchini gehörte Salviati zu den Firmen, die auf diese Art Glaswaren spezialisiert waren, sowie die Kompanie Venezia-Murano, die sich mehr auf Millefiori-dekorierte Schalen, Vasen und sogar Messergriffe konzentrierten als auf die Herstellung von Paperweights. Venezianisches Millefiori wurde ziellos weitergeführt und erreichte nie den Glanz und die technische Vollkommenheit der französischen Produktion. In der Zeit zwischen den beiden Weltkriegen wurde das Interesse an Glas-Paperweights wieder stärker, und die Glashütten von Murano brachten eifrig große Mengen von Paperweights schlechter Qualität hervor, mit geschmacklosen, grellen Farben der groben, in engen, konzentrischen Kreisen angeordneten einfachen, sich oft wiederholenden, gleichen Canes.

Während des Zweiten Weltkrieges war die Produktion von Glas-Paperweights kurz unterbrochen. 1950 wurden dann riesige Mengen von billigen Arten nach Amerika exportiert. Man kann sie meist an großen, gezahnten Canes in schreienden Tönen von Rot, Blau, Gelb, Orange oder Grün erkennen. Seit 1960 besserte sich allerdings die Qualität der venezianischen Paperweights allmählich;

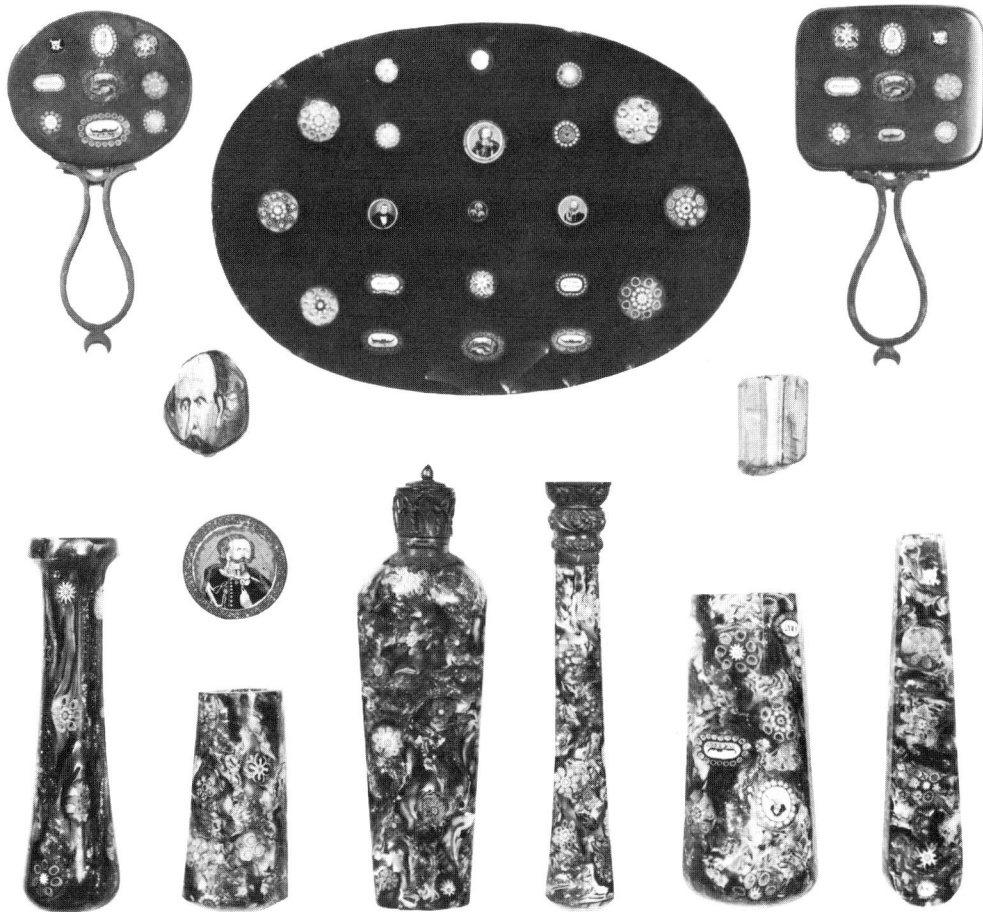

*31 Venezianisches Millefiori-Dekor auf Petschaften, Riechfläschchen, Spiegeln, Broschen und Briefbeschwerern (1846/47)*

die Farben waren gedämpfter und zart, und das Glas war viel klarer. Heute werden sie in vielen Formen und Größen hergestellt, von ganz kleinen bis zu großen Türstoppern und abweichend von der herkömmlichen Form als Rechtecke, Würfel und sogar Buchstützen. Neben den Millefiori-Paperweights, deren Muster heute phantasievoller sind als die ihrer Gegenstücke aus dem 19. Jahrhundert, produziert Venedig hübsche Paperweights mit Blumen und Fischen, neuerdings auch solche mit den Wappen italienischer Städte. Es werden aber auch alle Arten der neuen Vervielfältigungsmethoden (Goldfoliendrucke, Abziehbilder keramischer Farben) bemüht, um billige, doch effektvolle Paperweights den Millionen Venedig-Touristen anzubieten.

Die Paperweights von etwas besserer Qualität werden in die Vereinigten Staaten und in andere Länder exportiert, und es ist schade, daß dem Besucher Venedigs meist nur zweitklassige Ware angeboten wird.

Ganz besonders tragisch kann sich aber für den Sammler die Tatsache stellen, daß ihm diese neuen italienischen Paperweights schon heute – bewußt oder unbewußt sei dahingestellt – bei entsprechender Farbstellung (überwiegend grün-gelb, dunkelgelb, ocker, braun), immer etwas düster wirkend und oft mit einem im Zentrum plazierten falschen Jahreszahl-Cane als alte venezianische, manchmal auch als böhmische Paperweights zu hohen Preisen angeboten werden.

Gerade die Jahreszahl und Plazierung im Zentrum muß den ernsthaften Sammler auf eine Täuschung hinweisen. Denn niemals haben Paperweight-Hersteller früher ihre Paperweights groß und auffällig und zudem noch im Zentrum signiert. Wenn damals überhaupt ein Datums-Cane eingeschmolzen wurde – im Gegensatz zu heute früher sehr selten –, dann erfolgte dies immer nur klein und unauffällig.

Erst amerikanische Glasimporteure kamen in den letzten drei Jahrzehnten aufgrund des großen Paperweight-Erfolges auf die eigentlich nicht unlautere Idee, in Murano diese ›Täuschungen‹ zu Tausenden mit den unterschiedlichsten Jahreszahlen zu bestellen. Weder die Glashütten noch die Importeure und Großhändler geben diese billigen Paperweights als teure alte Paperweights ab. Hier kommt es also einzig allein auf die faire Partnerschaft zwischen gutem Fachhandel und seriösem Antiquitätenhandel sowie bestinformierter Kundschaft, gepaart mit gesundem Mißtrauen an.

Für die Zukunft sind aber noch weit größere Schwierigkeiten für den reellen Paperweight-(Antiquitäten-)Handel zu erwarten. Gerade in den letzten Jahren tauchen kompliziertere Paperweights in Overlaytechnik mit feineren Millefiori-Einschlüssen und besseren Schliffen verstärkt aus Murano auf. Wenn auch heute noch nicht beabsichtigt sein sollte, damit alte, kostbare englische und französische Paperweights zu ›imitieren‹, so könnte es interessierte, ›schwach‹ werdende Händler geben, die diese heute noch relativ preiswerten Paperweights später in die entsprechenden Wege leiten.

Eine dementsprechende Vorsicht und Absicherung beim Kauf sogenannter alter Paperweights sind also nur zu empfehlen.

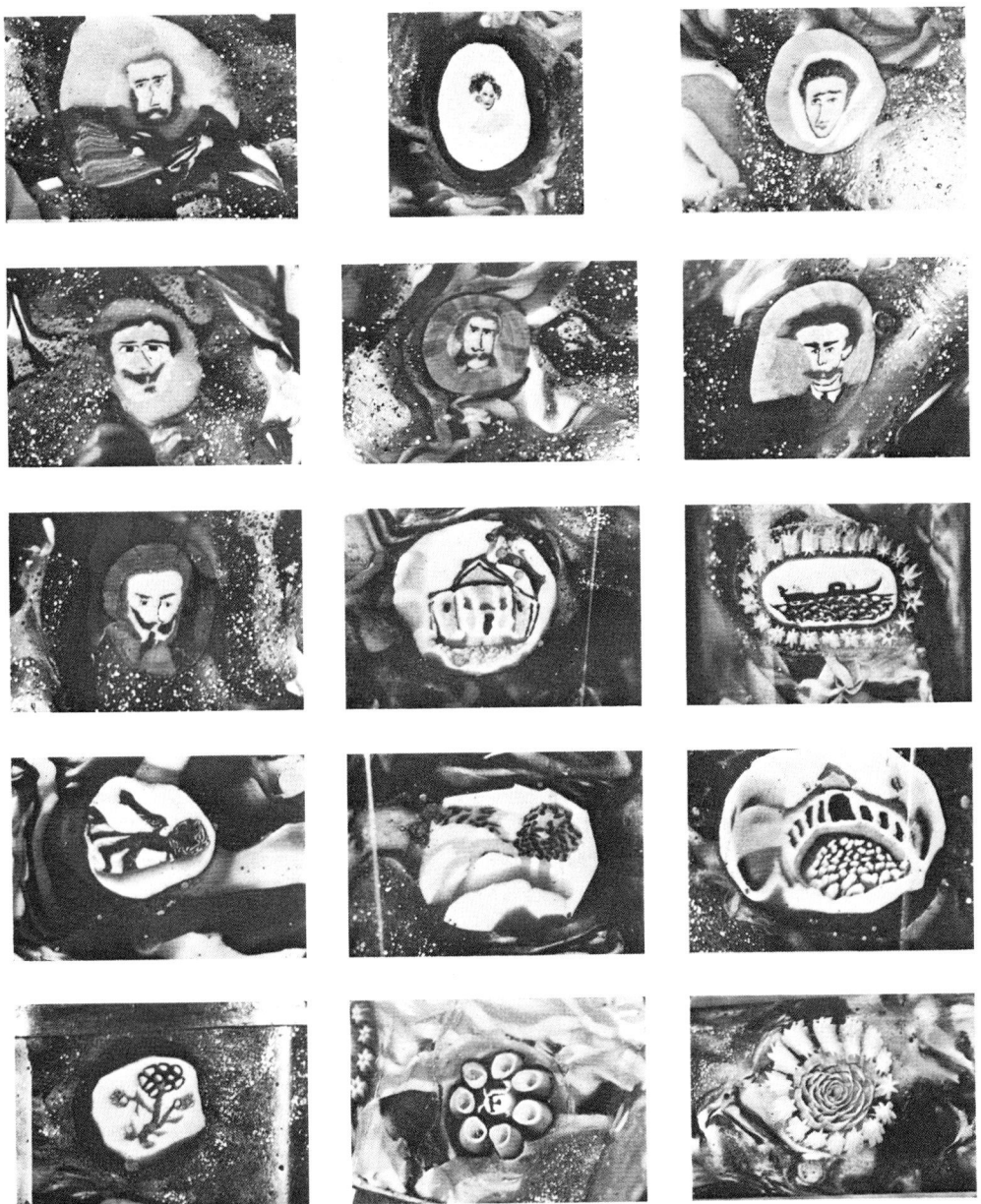

32  Venezianische Millefiori-Details

# 4. Böhmische Paperweights

Die Paperweights aus Böhmen wurden lange Zeit verhältnismäßig wenig beachtet, erst im vergangenen Jahrzehnt haben sie etwas Beachtung gefunden. Weitgehend als Folge des venezianischen Einflusses und aus dem Wunsch heraus, mit Murano zu wetteifern und zu konkurrieren, wurde Millefiori seit ca. 1835 für den Dekor von Glaswaren aller Art verwendet. Ein Verdienst gebührt Heinrich von Minutoli, Amateur-Archäologe und Glas-Sammler, der Beispiele von römischem Millefiori in Böhmen aufstöberte und die Glashütten von Böhmen und Schlesien drängte, ähnliches zu produzieren.

Die böhmischen Glashütten unterschieden sich von den venezianischen in mindestens einer, bemerkenswerten Hinsicht: Sie hatten eine Vorliebe für Emailmalerei und Sulphide-Inkrustation (siehe Kapitel 2). Um 1846, wenn nicht früher, wurden Millefiori-Paperweights hergestellt, die den französischen mehr ähneln als den venezianischen. Wahrscheinlich haben sich die Böhmen und Franzosen gegenseitig beeinflußt, denn es gab in der Paperweight-Produktion von 1840 bis 1850 einen lebhaften Austausch von Ideen und Techniken.

Die Glashütten von Böhmen bevorzugten ein mit Kalk und Pottasche zusammengesetztes Glas, das härter und leichter war als Bleiglas und meist eine zartgelbe Tönung aufwies. Die böhmischen Paperweights haben oft einen hohen Dom, der Boden ist leicht konkav (Abriß), und sie sind größer als die französischen. Overlay-Paperweights mit flachem, angeschliffenem Oberteil und Fenstern in den Seiten hatten eine höhere Wölbung und einen einfachen, flachen Boden. Diese Overlay-Paperweights besaßen mehrere Facetten, durch die das Innere aus verschiedenen Blickwinkeln zu sehen war.

Die Millefiori-Canes, die von den böhmischen und schlesischen Herstellern benutzt wurden, waren wie die venezianischen jener Periode in Entwurf und Komposition ziemlich einfach. Das Repertoire der böhmischen Stab-Formen bestand aus geraden oder gewellten Canes, Bündeln von dünnen Stäbchen in kontrastierenden Farben, Sternen und Blümchen. Die Skala der Farben und Farbtöne war weit größer als die venezianische, und die Farben waren meist sanfter und heller. Wie bei den venezianischen Paperweights sind auch hier die Silhouetten eine nützliche Hilfe für die Identifizierung. Sie stellen den deutschen Adler oder den österreichischen Doppeladler dar, einen weißen Hasen, einen roten Hasen, eine Biene, einen Hund, ein Pferd oder auch einen weißen Affen. Ein tanzender Teufel ist die einzige menschliche Figur. Ein typisches Motiv ist die Kohlrose (Rosa centifolia L.), die bei böhmischen Paperweights besonders häufig verwendet wird. Bisher läßt sich bei diesen Paperweights nur eine Datierung nachweisen – 1848, das Revolutionsjahr. Bei diesen datierten Paperweights findet sich manchmal der Buchstabe ›j‹ über der Jahreszahl, man weiß aber nicht, wovon er sich herleitet. Er könnte ein Hinweis auf die Josephinenhütte sein oder auch nur eine Abkürzung für ›Jahr‹.

Schliffe in den Overlay-Paperweights, ›Printies‹ (›Druckstellen‹), wie man die kleinen Fenster, die in Seiten und Oberteil des Paperweights geschliffen wurden, im 19. Jahrhundert in England nannte, wurden reichlich verwendet und bestimmten, in Doppelreihen angeordnet, die Gesamtwirkung. Das Innere der Overlay-Paperweights – ein entweder verstreutes oder konzentrisches Millefiori-Muster auf Musselin-Grund – ähnelte dem der normalen Paperweights. Man hat sie oft mit denen von Baccarat verwechselt, ihr verhältnismäßig kleines Format und das geringe Gewicht des Glases müßten, zusammen mit der deutlich gelblichen Tönung des böhmischen Glases, die Identifizierung erleichtern.

Wenigstens ein hochgewölbter Korb-Paperweight ist aufgrund des Glastyps und des Millefiori-Stils Böhmen zugeschrieben worden. Dieses seltene Exemplar ging vor einigen Jahren durch den Verkaufsraum von Sotheby's in London. Ein weiterer dieser Art aus Böhmen ist bisher nicht aufgetaucht.

Die Herstellung von Paperweights in Böhmen scheint 1849 eingestellt worden zu sein. Die turbulenten, politischen Ereignisse jenes Jahres mögen dazu beigetragen haben. Die Produktion von Paperweights wurde tatsächlich erst Anfang der 20er Jahre des 20. Jahrhunderts wieder aufgenommen, als die tschechoslowakische Republik viele der traditionellen Künste und Handwerke von Böhmen wieder aufleben ließ. Die Sulphides dieser Periode sind in Kapitel 2 bereits erwähnt. Die tschechischen Glashütten produzierten aber auch Millefiori-Paperweights, die bewußt die klassischen aus der Zeit 1840/50 imitierten, wenn auch mit geringem Erfolg. Mehr Erfolg hatten sie mit den hohen, oftmals reich facettierten Beschwerern mit stilisierten floralen Motiven im Innern. Sie beschäftigten sich auch teilweise mit einer Serie hoher Porträt-Paperweights, die umgedruckte Photographien von Masaryk und anderen Patrioten des Befreiungskampfes und auch Familienphotos enthielten. Diese Bilder waren auf eine zweidimensionale Keramik-Basis aufgetragen und erscheinen aufrecht im Innern des Glasdomes. Sie waren für die allgemeine, patriotische Nachfrage der 20er Jahre gedacht und hatten wenig ästhetischen Reiz.

# 5. Französische Paperweights

Die meisten Menschen, ob sie Sammler sind oder nicht, verstehen unter Paperweights französische Paperweights (franz. presse-papiers), und darunter wieder die Produkte von Baccarat, Clichy und Saint Louis. Die große Mehrzahl der Literatur über Paperweights beschäftigt sich auch nur mit den Erzeugnissen dieser drei Fabriken und das mit Recht, denn deren Produktion war an Quantität und Qualität spektakulär und wurde nirgends sonst in der Welt übertroffen. Jede der drei bedeutenden Fabriken produzierte Paperweights von hervorragender Schönheit und hohem Rang, und da sie höchst individuelle Merkmale haben, sollen ihnen jeweils eigene Kapitel gewidmet sein, in denen ihre Erzeugnisse ausführlicher analysiert werden. An dieser Stelle sind jedoch einige allgemeine Anmerkungen zur Geschichte und Entwicklung des Glasmachens in Frankreich, unter besonderer Berücksichtigung der Paperweights, angebracht. Außerdem sollen Vergleiche mit weiteren Fabriken angestellt werden.

Verglichen mit Böhmen, Schlesien und Venedig gehörte das Frankreich des 18. Jahrhunderts nicht zu den führenden Glasherstellern. Eine gewisse Menge Tafelglas wurde im Lande produziert, aber die meisten dekorativen Glaswaren mußten aus Venedig oder Böhmen importiert werden. Ende des 18. Jahrhunderts arbeiteten knapp fünfzig Glashütten in ganz Frankreich, aber innerhalb von dreißig Jahren hatte sich ihre Zahl fast vervierfacht, und Glasmachen war zu einem der bedeutendsten Gewerbe des Landes aufgestiegen, eine Stellung, die es bis heute hält.

Nicht nur die Glasproduktion steigerte sich in der ersten Hälfte des 19. Jahrhunderts astronomisch, auch Zahl und Qualität der Erzeugnisse hoben sich enorm. In den Jahren 1830/40 herrschten in der französischen Glasindustrie eine draufgängerische, begeisterte Atmosphäre und ein energischer Eifer, alles Neue auszuprobieren. Millefiori, Sulphides und Paperweights mögen anderswo ihren Ursprung haben, aber ihre Techniken und Kunstformen wurden von den Franzosen prompt aufgegriffen und mit einer Gründlichkeit und Intensität entwickelt, die fast etwas Dramatisches an sich hat. Fast über Nacht

▶

*Tafel III:*
*Beispiele moderner*
*Baccarat Millefiori-*
*Paperweights aus*
*der ›Gridel‹-Serie,*
*1971 bis 1979*
*Von oben nach*
*unten:*
*Abb. 33 Weißer*
*Affe, 34 Turteltauben, 35 Roter*
*Teufel, 36 Storch,*
*37 Pelikan, 38*
*Gockel, 39 Eichhörnchen (farfalla)*

41

40

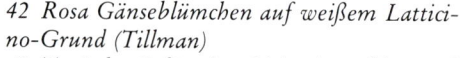

40 Hübsches Bouquet auf klarem Grund
(Spink & Son)
41 Millefiori-Girlande auf tiefpurpurnem
Grund (Spink & Son)

42 Rosa Gänseblümchen auf weißem Latticino-Grund (Tillman)
43 Typische C-förmige Girlande auf himmel-
blauem Grund (Spink & Son)

▶

44 Blütenzweig auf klarem Glasgrund (Spink
& Son)
45 Konzentrisches Millefiori-Motiv grüner
und weißer Rosen (Tillman)
46 Kleine Girlande auf Latticino-Grund
(Spink & Son)
47 Grüner Moosgrund, gemusterte Millefiori-
Canes mit roten und weißen Rosen (Tillman)
48 Flacher Zweig mit Girlande auf Latticino-Grund (Spink & Son)
49 Schöne blau-weiße Spirale mit Millefiori-
Mittelstück (Spink & Son)

42

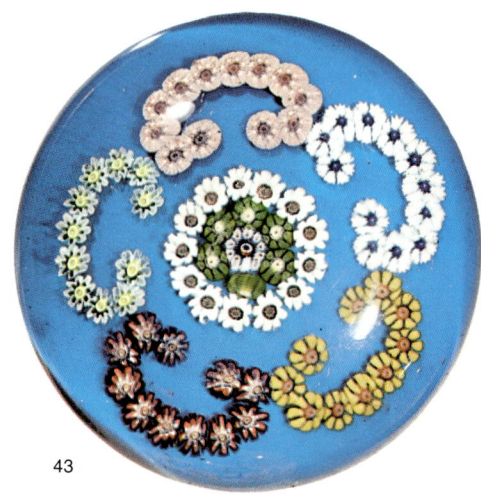

43

44

45

46

47

48

49

Tafel VI: Saint Louis

50 Millefiori und Silhouette des Teufels auf
buntem Glaskrösel-Grund (Spink & Son)
51 Sehr selten: Rosa Pompondahlie und Stiefmütterchen auf einem Kissen sich überschnei-
dender Latticino-Spiralen
52 Flaches Bouquet auf klarem Grund (Tillman)
53 Seltener floraler Overlay-Paperweight
(Spink & Son)
54 Gemischtes Obst auf Latticino-Grund
(Spink & Son)

bemächtigten sich die französischen Glashütten einer unbedeutenden Nipp-
sache venezianisch-böhmischer Herkunft, verbesserten sie bis zur beispiello-
sen Vollendung und brachten Gegenstände von großer Schönheit hervor in einer Zeit, als die angewandten und dekorativen Künste sich dem Tiefpunkt, der
Geschmacklosigkeit näherten. Vor allem als Folge der Aktivität von Baccarat,
Clichy und Saint Louis ragt der Glas-Paperweight aus der ›viktorianischen
Wildnis‹ als versöhnlicher Zug jener spießbürgerlichen Ära hervor.

Warum die Glasbeschwerer von Frankreich plötzlich in dieser hochentwickel-
ten und auserlesenen Form aufkamen, ist ein Geheimnis, das nie zufriedenstel-
lend gelöst werden wird. Ebensowenig weiß man, weshalb sie nach dem Erreichen solcher Vollkommenheit so rasch von der Bühne verschwinden mußten.
Zudem gaben sich die französischen Fabriken nicht mit der Herstellung durch-
schnittlicher Millefiori- oder Sulphide-Paperweights zufrieden, sondern experimentierten mit verschiedenen Größen, von sehr klein (Miniature) bis sehr
groß (Magnum). Sie versuchten Paperweights in Pilzform, die Overlay-Technik mit einfacher und sogar mehrfacher Schichtung, produzierten Exemplare
mit Blumen und Früchten und erfanden so ausgefallene Modelle wie ›Marbrie‹-
und Reptilien-Paperweights.

Die drei folgenden Kapitel behandeln die bedeutenden französischen Fabriken
und ihre Produkte, über andere Fabriken hat man nie befriedigende Klarheit
schaffen können. Einerseits gibt es viele französische Paperweights, deren
Herkunft nicht genau bekannt ist, andererseits Hinweise auf die Herstellung
von Paperweights in anderen Glashütten als den großen drei. Die Identität dieser Paperweights im Zusammenhang mit Fabriken, die Paperweights produziert haben sollen, ist bisher nicht nachgewiesen, und so muß man die folgenden Hinweise für das nehmen, was sie wert sind.

1849 traf die Pariser Weltausstellung, Vorläuferin der Londoner von 1851, mit
der Blütezeit der heute ›klassisch‹ bezeichneten Paperweights zusammen.
Deshalb ist es nicht verwunderlich, daß das ›Journal of Design and Manufactures‹ jenes Jahres ausgiebig auf diese Artikel hinwies, wenn auch mit ziemlich
verwirrenden und irreführenden Hinweisen. Einer davon betrifft die Glashütte von St. Maude: ›Die Erzeugnisse von St. Maude beschränken sich weitgehend auf die Spezialität venezianischen Glases, speziell auf seine Verwendung für jene bizarren Gegenstände, von denen die Fenster der Läden des Pa-
lais Royal und die Frisiertische der oberen Klassen wimmeln. Von Fröhlichkeit
zum Ernst, von Lebendigkeit zur Heiterkeit, von Eleganz bis Komfort, von
Paperweights bis zu Weinflaschen ...‹ Aus diesem verlockenden Auszug
könnte man folgern, daß die Fabrik von St. Maude Paperweights hergestellt
habe, aber alle Versuche, diese Behauptung zu untermauern, sind negativ aus-
gefallen. Der Glanz von Baccarat, Clichy und Saint Louis hat die Forscher gegenüber der Frage nach anderen Fabriken blind gemacht, erst in den letzten

Jahren hat man diese Möglichkeit in Betracht gezogen. Vielleicht tauchen noch dokumentarische Nachweise auf, die die St.-Maude-Theorie bestätigen oder widerlegen.

In derselben Zeitschrift findet sich der konkretere Hinweis auf ›Das Etablissement von M. Bontemps in Choisy-le-Roi. Es ist ein großes Zentrum der Aktivität, und ihm haben die Pariser die Versorgung mit all den Tausenden von Imitationen und Neuheiten zu verdanken, die ihre Kaminsimse und Sideboards zieren.‹ Außerdem steht im ›Art Journal‹ des gleichen Jahres folgende Behauptung: ›In Frankreich in der Fabrik von Choisy-le-Roi unter der tüchtigen Oberaufsicht von M. Bontemps wurden einige geschickte Nachahmungen von Millefiori in Kristallglas hergestellt; von einem Artikel allein, von Paperweights nämlich, haben sie in Europa Hunderttausende von Exemplaren dieser eleganten Tischdekoration vertrieben.‹ Diese verantwortungslosen Bemerkungen waren anonym, und Erforscher der französischen Paperweight-Produktion haben diese ›Ente‹ nie auf ihre ursprüngliche Quelle zurückführen können. ›Hunderttausende‹ wäre selbst für die französische Produktion insgesamt übertrieben gewesen, und erst recht für die einer relativ obskuren Fabrik. Außerdem war um 1849 die Glashütte von Choisy-le-Roi im Niedergang begriffen, und Bontemps selbst hatte Frankreich verlassen, um in England an der Entwicklung von Glaslinsen zu arbeiten. Danach arbeitete er nur noch auf dem Gebiet der Optik, deshalb ist es höchst unwahrscheinlich, daß Bontemps, der manchmal mit der Einführung oder Wiederbelebung des Millefiori in Frankreich in Verbindung gebracht wird, viel mit der Herstellung von Paperweights zu tun gehabt haben soll.

Die dritte der fraglichen französischen Fabriken war Pantin, zwischen seiner Gründung Ende 1850 und der Annahme des heutigen Namens im Jahre 1900 unter verschiedenen Firmennamen bekannt. 1878, zur Zeit der Exposition Universelle in Paris, nannte sich die Firma ›Monot, Père et Fils et Stumpf‹ und stellte unter dieser Bezeichnung Glas und Paperweights dort aus. Die Behauptung in bezug auf Pantin beruht weitgehend auf dem Bericht, den Charles Colné, stellvertretender Sekretär der amerikanischen Beauftragten für die Ausstellung, verfaßte: ›Paperweights aus massivem Glas, die Schlangen, Eidechsen, Eichhörnchen und Blumen aus Glas enthalten; Luftblasen sind in der Glasmasse verteilt, die wie Perlentropfen aussehen … Eine geringelte Schlange, mit erhobenem Kopf, aus zwei verschiedenfarbigen Gläsern, stellenweise angeschliffen, um beide Farben zu zeigen, auf ein Stück Spiegel montiert; eine interessante Kunstfertigkeit, das Ringeln der Schlange zeigt große Gewandtheit … Paperweights mit Rosen, Blättern und Früchten in Millefiori, in Klumpen aus klarem Glas eingebettet … ein Paperweight mit einer Eidechse aus gefärbtem Glas, diese an verschiedenen Stellen angeschliffen, ehe sie ins Glas eingeschmolzen wurde.‹

Diese ziemlich genaue Beschreibung hat viele Sammler und Händler dazu ver-
lockt, Pantin eine Reihe von noch nicht identifizierten, französischen Beschwerern zuzuschreiben, die aufgrund ihrer dreidimensionalen Motive aus
dem späten 19. Jahrhundert zu stammen scheinen. Inzwischen weiß man aber
allgemein, daß die Exposition Universelle von 1878 eine Art Wiederbelebung
des Interesses an Glas-Paperweights angeregt hat, und es ist wahrscheinlich,
daß mehrere Glashütten, darunter auch das Unternehmen Pantin, sich nebenbei mit diesem Gebiet befaßt haben, vielleicht sogar bis zum Ausbruch des Ersten Weltkrieges, wobei viele Paperweights wohl zu den ›Feierabend-Stücken‹
gehörten, die die Glasmacher in ihrer Freizeit herstellten.

# Baccarat

Im Jahr 1764 wurde eine Glashütte namens Verrerie de St. Anne am Ufer der
Meurthe in Baccarat an der Westseite der Vogesen gegründet. Die treibende
Kraft dieses Unternehmens war ein Geistlicher am Ort, Monseigneur de
Montmorency-Laval, und die Firma beschäftigte sich hauptsächlich mit der
Herstellung von Flachglas, Spiegeln, Flaschen und Gebrauchsglas. 1816 verei-
nigte sich die Glashütte mit einem Unternehmen, das D'Artigues, ein ehemali-
ger Direktor von Saint Louis, leitete und begann drei Jahre später mit der Produktion von feinem Bleiglas. 1822 verkaufte D'Artigues seine Anteile an ein
Konsortium von Geschäftsleuten, die die Firma in ›Compagnie des Cristalleries de Baccarat‹ umbenannten. Zehn Jahre später schmiedete Baccarat mit
seinem Rivalen Saint Louis ein Komplott, um die Glashütte Creusot aufzukaufen. Von da an galten Baccarat und Saint Louis als die beiden führenden Glashütten Frankreichs und haben diese Stellung bis heute gehalten.
Baccarat zeigte seine Erzeugnisse bei den Pariser Ausstellungen von 1844 und
1849, wird aber im Katalog nicht erwähnt, noch gibt es Berichte über Paperweights in Verbindung mit dieser Firma, obwohl Baccarat um die Zeit der
zweiten Ausstellung auf diesem Gebiet an der Spitze lag. Baccarat stellte auch
1855 aus, aber auch da gibt es keinen Hinweis auf die Herstellung von Paperweights und man nimmt an, daß die Tätigkeit des Unternehmens auf diesem
Gebiet um diese Zeit dem Ende entgegenging. Auf der Weltausstellung von
1878 bekam Baccarat eine der Großen Medaillen für seine Glasproduktion allgemein, und in Colnés Bericht steht nichts über Paperweights im Zusammenhang mit dieser Firma. Vor Ausbruch des Ersten Weltkrieges behauptete das
Unternehmen, es habe keine Handwerker, die Millefiori-Canes herstellen
könnten, doch zwanzig Jahre später stellten sie einen alten Mann namens Dupont ein, der ein paar ausgezeichnete Millefiori-Paperweights machte, die dann
in einem kleinen Laden in Paris verkauft wurden. Das Motiv für die Herstel-

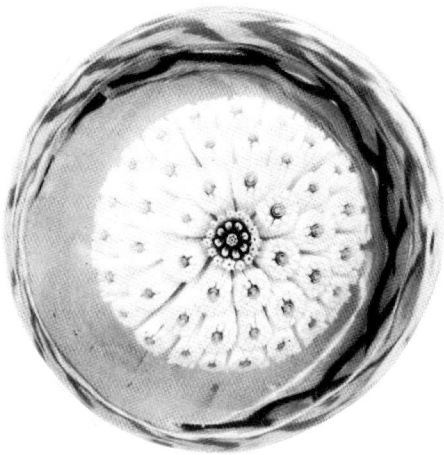

55 Schönes ›Hochzeitssträußchen‹ auf weißer,
gewundener Gaze mit blauen Spiralen am
Grund, 7 cm

56 Ungewöhnlicher Overlay-Paperweight in
opakem Weiß mit einer einzelnen und einer
Doppelrose in Rosa und Gelb, 6,7 cm

57 Immergrün, facettiert mit Fensterschliff und
sternförmig geschnittenem Grund, 6,3 cm

lung dieser Paperweights ist ein bißchen suspekt, da viele von ihnen datierte
Canes enthalten mit Jahreszahlen vor 1840. Obwohl dem Aussehen nach typisch Baccarat, haben diese Paperweights von Dupont meist kleinere Canes als
die klassischen Originale.

Als man 1951 die Gemeindekirche von Baccarat renovierte, die durch die
Bomben des Zweiten Weltkrieges schwer beschädigt war, fand man unter dem
Grundstein einen Baccarat-Paperweight mit der Jahreszahl 1853. Das löste
eine Wiederbelebung der Produktion von Millefiori-Beschwerern aus. Seit diesem Zeitpunkt etwa belebte ein erneuter Wettstreit der beiden führenden Kristallerien Frankreichs – Baccarat und Saint Louis sind wohl uneingeschränkt

58 Sehr seltenes Sternen-Motiv, klares
Glas, am Boden eine Scheibe in Blau
mit weißen Sternen, oben ein Fenster
und zwei umlaufende Fensterschliff-
Bänder, 7,3 cm

59 Der Orden der ›Ehrenlegion‹,
umgeben von einer Girlande in einem
Paperweight mit sternförmig geschnittenem Grund und geometrischen Seiten, 7,6 cm

60 Dunkelblauer Overlay-Paperweight
mit sieben Fenstern in Blau und weißem Überfang nur noch mit Spuren
einer Vergoldung, 7,6 cm

die weltbesten Paperweight-Hersteller klassischer Manier – den kleinen Markt
des Sammelns von Paperweights.
Die klassischen Baccarat-Paperweights haben nicht so stark gewölbte Seiten
wie die anderer französischer Glashütten, vor allem die Hütte von Clichy. Die
flache oder leicht konkave Basis von Baccarat-Paperweights ist oft mit einem
Sternmotiv dekoriert, das diese Firma bezeichnete. Eine ziemlich hohe Zahl

von Baccarat-Paperweights trägt die Initiale ›B‹ und eine Jahreszahl. In diesen Paperweights finden sich die Daten 1846, 1847, 1848, 1849, 1853 und 1858, das letztere gilt als Ausnahmefall. Die Figuren und Buchstaben erscheinen in Rot, Grün oder Blau in weißen Canes, und diese Jahreszahlen treten in einer enormen Vielfalt von Stilen und Kombinationen auf. Zwar hat man keine früher datierten gefunden, aber es steht fest, daß Baccarat 1845, wenn nicht früher, Paperweights hergestellt hat, da selbst die frühest datierten Stücke den venezianischen und böhmischen derselben Periode weit überlegen sind.

Die laufende Herstellung von Paperweights könnte 1849 aufgehört haben, da sich die vereinzelten späteren Jahreszahlen alle auf solchen Paperweights finden, die zur Erinnerung an historische Ereignisse gemacht wurden – so der Paperweight von 1853 unter dem Grundstein der Kirche von Baccarat und die dichten Millefiori-Paperweights von 1858, die den Besuch von Marschall Canrobert in Baccarat im April 1858 feiern.

Baccarat produzierte eine große Auswahl an Typen von Millefiori-Canes, ein paar davon kennzeichnend für diese Glashütte. Dazu gehörten ein merkwürdiger Stern mit sechs großen und sechs kleinen Punkten und einem großen, farbigen Kreis in der Mitte, ein offener Spiralwirbel, das doppelte drei- und vierblättrige Kleeblatt, eine dreizüngige Pfeilspitze und das sogenannte Festungs- oder Schloß-Cane, zusammengesetzt aus vier runden Stäbchen, durch ein rechteckiges Motiv in der Mitte verbunden. Es gab eine ganze Reihe Silhouetten, die die Identifizierung erleichtern. Zu den Tieren gehören Hund, Pferd, Ziege, Hirsch, Affe, Elefant und Eichhörnchen; zu den Vögeln Storch, Hahn, Schwan, Fasan, Pelikan und Taube; andere Silhouetten zeigen einen Jäger, tanzende Teufel oder einen Nachtfalter, auch gibt es florale Canes, Meisterstücke minutiöser Perfektion.

Verhältnismäßig wenige Paperweights als Millefiori-Streublümchen wurden in Baccarat produziert, sie scheinen in die Frühzeit der Produktion von Paperweights zu gehören. Eng gepackte Millefiori-Paperweights waren eine Spezialität von Baccarat und sind mit allen möglichen Datierungen und in jeder Größe nachgewiesen. Diese Exemplare sind randvoll mit Millefiori- und Silhouetten-Canes. Einige Millefiori-Paperweights haben weit verteilte Canes auf einem Grund von Filigran montiert, der wie Musselin wirkt. Diese zeigen das Baccarat-Millefiori am vorteilhaftesten und gehören zu den attraktivsten Stücken aus dieser Fabrik. Die meisten gehören der mittleren Produktionsperiode zwischen 1847 und 1849 an. Konzentrische Paperweights enthalten zwei, drei oder vier konzentrische Kreise von Millefiori auf durchsichtigem Grund oder gelegentlich Musselingrund, weshalb man sie manchmal für Clichy-Produkte hält. Bei den Baccarat-Paperweights laufen die Fäden aber gegen den Uhrzeigersinn, bei den Clichy-Erzeugnissen dagegen im Uhrzeigersinn. Baccarat hat eine Reihe von Paperweights hervorgebracht, bei denen Millefiori-

Canes in zwei gewundenen Dreiblattmustern zu einer Girlande angeordnet sind. Die meisten haben einen durchsichtigen Grund, manche aber auch einen farbigen oder Musselingrund. Es gab auch einen Girlandentyp als sechsblättriges Muster mit einem einzelnen Cane nahe der Spitze eines jeden Blattes. Ein paar ungewöhnliche Muster werden mit dieser Fabrik in Verbindung gebracht, so große zusammengesetzte Muster aus konzentrischen Kreisen, durchsetzt mit Latticinio und sich wiederholenden Silhouetten-Motiven. Diese ungewöhnlichen Muster sind so selten, daß sie sich nicht endgültig festlegen lassen. Von Standardformen abgesehen, war Baccarat auf Mushroom-Paperweights spezialisiert, eine gute Bezeichnung für ihre hohe Krone mit schmaler Basis. Millefiori-Canes wurden in den oberen Teil des Glasdomes gepackt und hübsche Muster aus Latticinio-Spiralen um den Fuß des Pilzes arrangiert. Die verschiedenen Muster finden sich auch in Überfangtechnik. Ein paar der konzentrischen Paperweights haben ein oben eingeschliffenes konkaves Fenster, um die Größe des Musters im Innern zu reduzieren, anstatt es zu vergrößern. Facettierung dieser Art wurde oft in Verbindung mit Mushroom-Paperweights verwendet. Attraktive Kombinationen von winzigen Millefiori-Canes lieferten den sog. Carpet-ground, für den Baccarat berühmt war. Umgekehrt gab es eine fast grenzenlose Auswahl von farbigen Gründen, anders als bei den Sulphides, vorherrschend in den Farben Rot, Blau oder Grün. Mit Saint Louis verglichen, produzierte Baccarat sehr wenige Bukett-Paperweights. Diejenigen, die man dieser Glashütte zuschreibt, hatten im Unterteil eine tiefe Facettierung, um den Bukett-Effekt zu unterstreichen.

Wie die anderen französischen Fabriken stellte auch Baccarat eine Reihe schöner Blumen-Paperweights her. Dabei waren die Blumen stets stilisiert und machten selten Konzessionen an den Naturalismus. Für alle Blumen, gleich welcher Art, wurde dasselbe Blattmuster verwendet, und ein kleines Millefiori-Cane diente meist als Zentrum der Blüte. Stiefmütterchen waren Baccarats bei weitem beliebteste Blume, und Experten haben drei verschiedene Typen von Stiefmütterchen aus dieser Fabrik nachgewiesen, alle mehr oder weniger aus der gleichen Zeit. Von da auf der Leiter der Beliebtheit abwärts bevorzugte Baccarat Primeln, Clematis, ›Wheatflower‹, Glockenblumen, Enzian und am allerseltensten eine lavendelblaue Dahlie. Diese Blüten wurden flach und zweidimensional wiedergegeben. Baccarat brachte aber auch ein paar große Paperweights heraus, bei denen die Blumen aufrechtstehend und dreidimensional dargestellt waren. Zu diesem Zweck wählte man verschiedene Blumen – Butterblume, Pombondahlie und Rose – alle in Baccarat-Paperweights äußerst selten. Ein paar große Paperweights enthielten auch flache Blumensträußchen. Baccarat stellte ein paar Paperweights mit Früchten her, die Baccarat-Erdbeere ist am bezeichnendsten. Diese Paperweights enthalten drei Beeren, eine davon unreif, ein Effekt, den man erzielte, indem man die Beere mit einem leichten

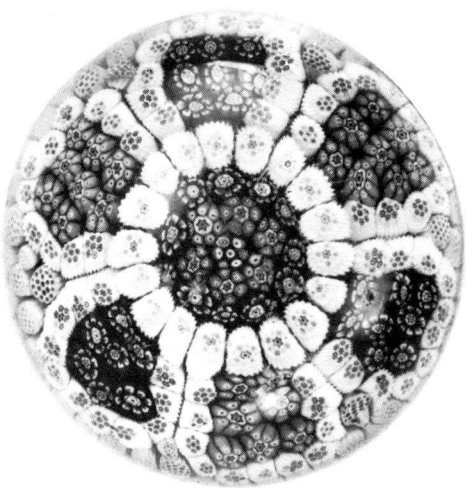

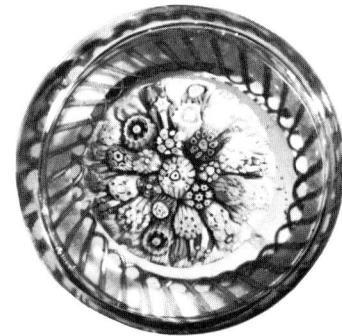

61 Gefächerter Teppichgrund mit Waben-Canes, die Felder weiß umrandet, 7,9 cm

62 Mushroom-Weight mit dichtem Millefiori und Girlandenring, 7,6 cm

Überzug aus grünem Glas versah. Die Beeren selber wurden geschickt aus einem Bündel opak-weißer Canes mit roten Zentren geformt, die man so rollte, daß die roten Punkte wie die Poren der Frucht erscheinen. Anderen Früchten, wie Birnen und Aprikosen, begegnet man nur selten. Schlangen und Schmetterlinge machten nur einen geringfügigen Teil der Produktion von Baccarat aus. Die Schmetterlinge befinden sich manchmal auf einem Musselingrund mit Millefiori-Rand oder auf klarem Grund mit eingeschmolzenem Blumenmotiv. In ›Les Presse-Papiers Francais de Cristal‹ behaupten Imbert und Amic, Baccarat habe gegen Ende des 19. Jahrhunderts große Paperweights mit einem Eidechsen-Motiv hergestellt. Wie bereits im vorhergehenden Kapitel festgestellt, hat Charles Colné 1878 Eidechsen-Paperweights von Pantin erwähnt, Paperweights aus Baccarat nennt er dabei allerdings nicht. Sammler sind daher in bezug auf diese Eidechsen-Paperweights verschiedener Ansicht. Imbert und Amic beziehen sich sogar auf eine Baccarat-Preisliste, in der solche aufgeführt sind. Um die Verwirrung noch zu steigern, haben Sammler diese Reptile irrtümlich als Salamander bezeichnet, obwohl sie Schuppen und eine Zeichnung haben, die man gewöhnlich mit Eidechsen in Verbindung bringt. Hollister nennt diese Darstellungen mit kurzem Körper und fettem Schwanz ›gila monsters‹. Wie immer man sie zoologisch korrekt bezeichnet, diese Baccarat/Pantin-Reptilien gehören zu den seltensten und am höchsten geschätzten aller Paperweights. Der große Maba-Salamander-Paperweight, den man Saint Louis zuschreibt, obwohl er genauso bei Baccarat oder Pantin gemacht sein könnte, wurde 1963 bei Sotheby für 3900 Pfund (damals etwa 20 000 DM) verkauft und brachte im Mai 1968 im selben Auktionslokal 6000 Pfund (damals etwa

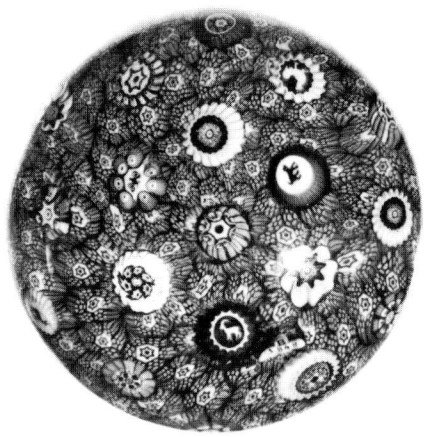

63 *Blauer Teppichgrund mit Silhouetten-Canes und eingeschmolzener Datierung ›B 1948‹, 8,2 cm*

64 *Modern: Elefant und Tier-Silhouetten aus der Serie ›Gridel‹-Paperweights, 8,2 cm*

40 000 DM); damit war ein neuer Weltrekord-Preis für Paperweights festgesetzt. In dieselbe Kategorie gehören die hübschen Schlangen-Paperweights, nur sind sie durch Streifen kleiner Luftblasen beeinträchtigt, die die Glasmacher von Baccarat narrten. Eidechsen wie Schlangen werden meist auf einem Grund von imitiertem Fels dargestellt; man kennt auch eine Anzahl mit diesem steinigen Grund allein, ohne das Reptil, für das sie bestimmt waren.

Unter den verschiedenartigen Paperweights, die Baccarat zugeschrieben werden, muß man auch die merkwürdigen, gemalten Paperweights erwähnen, deren florale Motive auf einen opak-weißen Grund gemalt sind. Zu den ganz seltenen Baccarat-Paperweights gehört einer, der den Orden der von Napoleon 1802 gegründeten Ehrenlegion zeigt. Diese und andere bonapartistische Paperweights stammen aus den Jahren 1852/53, als Louis Napoleon (später Napoleon III.) die Macht ergriff. Zwei Beispiele eines ungewöhnlichen Dreifach-Paperweights wurden festgestellt, die aus drei Paperweights verschiedener Größe bestehen, die man miteinander verschmolz. Der winzige oberste enthält ein aufrechtes Bukett, der mittlere entweder verstreutes oder konzentrisches Millefiori, und der große am Fuß der Pyramide ist räumliches Millefiori auf Musselingrund. Diese höchst seltsamen Paperweights scheinen nur in Baccarat gemacht worden zu sein.

Der ›Kirche‹-Paperweight, der 1951 in Baccarat zum Vorschein kam, enthielt 233 Canes und wurde für eine Arbeit von Martin Kayser gehalten, Baccarats Meister-Glasmacher in den ersten Jahren nach 1850. Die Entdeckung dieses interessanten Paperweights regte die Wiederbelebung der Produktion von Millefiori-Paperweights an, allerdings hatte Dupont, wie schon bemerkt, in den Jahren 1930/40 auf diesem Gebiet gearbeitet, und Brocart hatte sich von 1947 an damit beschäftigt. Nachdem sich Baccarat diesem Gebiet einmal ernsthaft wieder zugewandt hatte, brauchte man viel länger, um die vergessene Kunst zu meistern, als die Glasmacher von früher, um sich die venezianischen und böhmischen Grundlagen der Kunst anzueignen. Nach sechs Jahren des Experimentierens gelang Baccarat die Herstellung einer Reihe von schönen Millefiori-Paperweights entweder mit der Jahreszahl 1957 gezeichnet oder von 1 bis 9 numeriert. Keines dieser experimentellen Paperweights wurde im Handel angeboten. Im nächsten Jahr allerdings gelangten ein paar in den Einzelhandel, die zur Identifizierung ein Cane mit der eingeschliffenen Zahl 8 (auch als B zu lesen) besaßen. Gegen Ende 1958 führte man weitere Kennzeichen in Form von schwarzen Silhouetten mit Tierkreiszeichen in weißem Opalglas ein. Viele seither produzierte Baccarat-Paperweights haben solche Tierkreis-Silhouetten. 1965 feierte Baccarat verspätet sein zweihundertjähriges Bestehen und brachte eine begrenzte Auflage von Millefiori-Paperweights heraus, bei denen ein Cane die Inschrift ›Baccarat 1764–1964‹ trug und die einzeln mit den Buchstaben A bis Z markiert waren. Zusätzlich zu den 26 Stück dieser Serie gab es 20 Filigran-Paperweights, von 1 bis 20 und 20 weitere in Kronenform von 21 bis 40 numeriert. Die meisten wurden an Direktoren und Angestellte von Baccarat verschenkt, und nur sehr wenige haben bisher Sammlerkreise erreicht. Die Standard-Millefiori-Ausführung ist zwar als Auflage nicht begrenzt, aber die gegenwärtige Erzeugung von Baccarat beschränkt sich auf etwa 300 Stück im Jahr. Jeder Paperweight enthält 180 bis max. 250 komplexe Canes, und es dauert mehrere Monate, einen Vorrat an Stangen zu ziehen, der dann für die Stäbchen-Abschnitte für die Jahresproduktion an Paperweights ausreicht.

Im Gegensatz zu den italienischen Herstellern fertigt Baccarat heute die klassischen Paperweights so, daß die Canes, mindestens aber die der Randzone, gebündelt zusammengezogen werden und dort an der Basis einen sauberen Abschluß bilden.

Die Canes der einfacheren Millefiori-Paperweights sind nur geschnitten, oftmals unregelmäßig abgehackt und flachgelegt. Trotzdem kann ihr Muster oft sehr hübsch sein. Ein weiterer, moderner Paperweight, raffinierter als die ›couronne‹, hat geschliffene Canes, die auf einem Latticinio-Grund liegen, und wird je nachdem ›semis de perles‹ oder Filigran genannt. 1958 hat Baccarat die Herstellung dieses Typs wieder aufgenommen. Seitdem hat Baccarat auch mit kunstvolleren Filigran-Paperweights und mit doppeltem Überfang und Buketts im Innern experimentiert.

Schon 1847 wählte man die Kinderzeichnungen des Joseph Emile Gridel, damals neunjähriger Neffe des Direktors von Baccarat, als Motiv-Vorlagen für besonders hübsche Tier-Silhouetten-Canes der damals gerade am Anfang befindlichen Paperweights-Herstellung aus.

Diese Silhouetten findet man vereinzelt im bunten Millefiori verstreut.

Ab 1971 fertigt Baccarat diese Gridel-Motive erneut. Seitdem entstand eine ganz spezielle Serie von limitierten Baccarat-Gridel-Paperweights. Jeder Paperweight zeigt in kleineren Silhouetten alle 18 Motive, unterschiedlich arrangiert, und jeweils eines davon befindet sich zusätzlich in vergrößerter Ausführung im Zentrum. Dieses Zentrums-Motiv ist dann namensbestimmend.

## Sonderausgaben Baccarat-Paperweights von 1971–1981

| | | Auflage |
|---|---|---|
| 1971 | Gockel, Gridel-Serie | 1200 |
| | Blume, einfach | 220 |
| | Blume mit Knospe | 700 |
| | Schmetterling | 100 |
| 1972 | Eichhörnchen, Gridel-Serie | 1200 |
| | Früchte – Apfel und Birne | 240 |
| | Schmetterling einfach | 12 |
| | Dahlie | 400 |
| | Salamander | 240 |
| | Stiefmütterchen | 240 |
| 1973 | Pferd, Gridel-Serie | 400 |
| | Elefant, Gridel-Serie | 400 |
| 1974 | Erdbeeren | 240 |
| | Frosch | 240 |
| | Schwan, Gridel-Serie | 400 |
| | Jäger, Gridel-Serie | 400 |
| | Pelikan, Gridel-Serie | 400 |
| 1975 | Blaue Blüte mit Knospe | 120 |
| | Seepferdchen | 260 |
| | Blau-weiße Blumen auf Latticinio | 260 |
| | Blaue Weintrauben | 260 |
| | Dahlie lila und weiß, auf weißem, opakem Grund | 260 |
| | Fasan, Gridel-Serie | 400 |
| | Schwarzer Affe, Gridel-Serie | 400 |
| 1976 | Fruchtkorb auf weißem opakem Grund, Fensterschliff | 300 |
| | Rose auf Filigran | 150 |
| | Turteltauben, Gridel-Serie | |
| | Weißer Affe, Gridel-Serie | 400 |
| | Hirsch, Gridel-Serie | |
| | Rose, am Boden Sternschliff | 150 |
| | Marienkäfer auf Blumen | 300 |
| 1977 | Schnecke mit Schneckenhaus | 250 |
| | Storch, Gridel-Serie | 400 |
| | Roter Teufel, Gridel-Serie | 400 |
| | Weiße Seerose auf transparentem, grünem Grund | 250 |
| | Schmetterling mit Blume | 250 |

| 1978 | Hund, Gridel-Serie | 400 |
|------|--------------------|-----|
|      | Ziege, Gridel-Serie | 400 |
| 1979 | Exotische Schmetterlinge, 6 Motive | 750 |
|      | Schlange, 3 Motive | 900 |
|      | Sperlingspapagei, Gridel-Serie | 400 |
|      | Schmetterling, Gridel-Serie | 400 |
| 1980 | Dahlie, 6 Motive | 450 |
| 1981 | Dahlie mit Frosch, 3 Motive | 375 |
|      | Krokus, 4 Motive | 600 |

# Saint Louis

Die Geschichte der Entstehung von Saint Louis läuft zu der von Baccarat merkwürdig parallel. 1767 wurde in dem Dorf Saint Louis bei Bitche in Lothringen eine Glashütte gegründet, kaum drei Jahre nach der Gründung von Baccarat und ein knappes Jahr nachdem das Herzogtum Lothringen die Unabhängigkeit verlor und zu Frankreich kam. Wie der Name sagt, genoß die ›Verrerie Royale de Saint Louis‹ königliche Protektion und erreichte rasch eine technische Vollendung, die dem besten englischen und venezianischen Glas entsprach. Während der Revolution und in den Wirren danach war die Glashütte etlichen Schicksalsschlägen ausgesetzt, erholte sich aber zu Beginn des 19. Jahrhunderts und änderte 1829 ihren Namen in ›Compagnie des Cristalleries de Saint Louis‹. Gegen 1840 spezialisierte man sich auf gefärbte Glaswaren und begann kurz nach 1840 mit der Produktion von Paperweights. 1832 taten sich Saint Louis und Baccarat zusammen, um die Konkurrenz ›Creusot‹ aufzukaufen. Von da an waren die beiden Firmen die größten und bedeutendsten der französischen Glasindustrie und haben diese Position bis heute gehalten. Nach 1871, als Lothringen dem Deutschen Kaiserreich einverleibt wurde, arbeitete die Gesellschaft weiter, allerdings nimmt man an, daß die Produktion von Paperweights bereits einige Zeit vorher zum Stillstand kam. Bezeichnenderweise findet sich kein Hinweis auf Saint Louis im Zusammenhang mit der Glasausstellung bei der Weltausstellung von 1878, dagegen werden Baccarat und auch Clichy ziemlich ausführlich erwähnt. Durch den Vertrag von Versailles kehrte Lothringen 1919 zu Frankreich zurück und, abgesehen von der kurzen Periode zwischen 1940 und 1944, als es dem Dritten Reich eingegliedert wurde, ist es seither immer französisch geblieben. Die turbulenten politischen Ereignisse des vergangenen Jahrhunderts hatten unvermeidliche Auswirkungen auf das Schicksal der Lothringer Glaswerke. Aber heute hat Saint Louis seine frühere Bedeutung wiedererlangt und ist in großem Umfang auch an der Wiederbelebung des Interesses an der Paperweight-Herstellung und des Paperweight-Sammelns beteiligt.

*65 Vierfarbiger Kronenpaperweight, 7,6 cm*

*66 Äußerst selten: ›Zwei-Teufel‹-Motiv mit spiraligem Latticino-Kissen, 7,9 cm*

Die klassischen Paperweights von Saint Louis waren höher gewölbt als die von Baccarat und waren aus sehr klarem, schwerem Bleiglas. Wie Baccarat bevorzugte auch Saint Louis eine sternförmig geschliffene Basis, vor allem bei Paperweights mit Buketts oder in Pilzform. Datierte Canes sind bei Saint Louis ziemlich selten, die Jahreszahlen beschränken sich auf 1845 bis 1849, am häufigsten findet man 1848. Die Ziffern erscheinen in Blau, Purpur, Malvenfarben oder Rot, oft in Verbindung mit den Initialen ›SL‹ in schwarzen oder blauen Buchstaben. Diese Initialen kommen auch bei undatierten Beschwerern vor. Wie Baccarat und Clichy verwendete Saint Louis eine ziemlich große Auswahl Cane-Typen, aber da sie sehr bezeichnend sind, fällt die Identifizierung meist leicht. Außer den üblichen Sternen und Rädchen gibt es eine charakteristische, sechsblättrige Blüte, einen Kreis gleich einer Sonnenexplosion, ein Ankermotiv (ähnlich der Pfeilspitze von Baccarat, aber mit abgerundeter Spitze), einen Kreis mit einer Gruppe von neun kleinen Kreisen, die rechteckig angeordnet sind, und ein Katharinenrad.

Die Silhouetten bilden eine interessante und abwechslungsreiche Gruppe, sind aber dabei allgemein weniger realistisch als die von Baccarat. Unter den Tieren und Vögeln sind ein Kamel, ein Truthahn, ein Hund und eine Ente mit Küken. Menschliche Figuren gibt es in Gestalt zweier verschiedener Tänzerinnen, eines tanzenden Fauns und eines Tanzpaares. Es gab auch den unvermeidlichen Teufel und eine seltsame Gestalt, die man schwer beschreiben kann, weil sie wie ein Clown oder ein Ameisenvogel aussieht, je nachdem, welche Seite man

nach oben hält. Ein Porträt-Cane, das eigentlich eine Sulphide-Miniatur im Profil ist, soll Pauline Borghese darstellen.

Die frühesten Paperweights von Saint Louis waren dichtes Millefiori und den frühen böhmischen darin auffallend ähnlich, daß die Canes die Kugel fast ganz ausfüllen und bis nahe an die Oberfläche reichen. Da nur wenige dieser Paperweights die Jahreszahl 1845 aufweisen, ist anzunehmen, daß die meisten von ihnen in Wirklichkeit noch früher hergestellt worden sind. Technisch fehlen diesem Millefiori noch der Schliff und das Können der späteren Jahre. Aus späterer Zeit sind die ›gestreuten‹ oder ›gewürfelten‹ Millefiori-Muster. Ein paar sind bis hoch in den Dom vollgepackt, die meisten allerdings nicht so hoch und nützen somit die Vergrößerungswirkung des Glases. Stücke von Latticinio und Streifen von gefärbtem Glas werden oft mit Millefiori zu einem Gemenge von Farben zusammengefaßt. Diese sog. ›Scrambled-weights‹ gehören zur frühesten Produktion von Saint Louis. Als die Glasmacher in diesem Medium weiter fortgeschritten waren, begannen die ersten gemusterten Paperweights aufzutauchen. Zu ihnen gehört das Kreuzmuster, bei dem vier Segmente von dichtem Millefiori durch ein Kreuz aus gleichförmigen Millefiori-Canes getrennt sind. Saint Louis stellte ein paar gemusterte Paperweights her, die das Millefiori in Herz- oder Kreisform angeordnet zeigen. Konzentrische Muster sind ziemlich häufig, und diese Paperweights gehören mit zu den schönsten, die diese Firma jemals produziert hat.

Eine Spezialität von Saint Louis war der sogenannte ›Jaspisgrund‹, der aus teilweise pulverisiertem Farbglas bestand, das die Basis für einige der hübschesten Blumen-Paperweights abgab. Eine Variante hiervon war der Paperweight mit Jaspis-Paneelen, bei dem dicke weiße ›Speichen‹ die radförmig angeordne-

◄

*67 Dahlie, die große Blüte füllt den Paperweight bis nahe an die Oberfläche, 6,4 cm*

*68 Dahlie auf rosa und weißen Latticino-Spiralen, 6,7 cm*

*69 Kirschen in facettiertem Paperweight, 6,4 cm*

ten, abwechselnd jaspisfarbenen (dunklen) und grünen Paneele voneinander trennten. Die Mitte bzw. die Achse des Rades enthielt oft ein einzelnes Silhouettenstäbchen oder einen kleinen Turban-Wirbel, häufig setzte man auch Millefiori zwischen die Speichen um die Nabe. Sehr wenige Beschwerer von Saint Louis mit farbigem Grund waren mit Girlanden oder Sträußen aus Millefiori verziert, und die wenigen, die man feststellen konnte, haben meist die Form eines sechszackigen Sterns aus gleichförmigen Gruppen von Millefiori. Der Carpetground war dem von Baccarat ziemlich ähnlich. Der regelmäßige Effekt dieser Carpetgrounds wird manchmal durch ein paar verteilte Millefiori-Blümchen oder Silhouetten aufgelockert. Die Carpetground-Paperweights von Saint Louis waren meist groß (mindestens 7,6 cm Durchmesser) und gehören zu den eindrucksvollsten aller klassischen Paperweights.

Saint Louis brachte ein paar schöne Pilzformen hervor, die verhältnismäßig kleinen Köpfe randvoll mit Millefiori und mit einer Torsade aus Latticinio oder Spiralen aus weißen, opaken Fäden umgeben. Spezialisiert ist Saint Louis auch auf Kronengewichte. Sie war die einzige französische Glashütte, die diesen venezianischen Paperweight-Typ nachahmte. Diese Paperweights sind hohle, leicht abgeflachte Globen, deren Wände abwechselnd mit weißen, gedrehten Filigran-Canes und gewundenen, farbigen Bändern überzogen sind, die oben meist ein einzelner, komplexer Millefiori-Abschnitt verbindet. In der klassischen Periode wurden sie von keiner anderen französischen Fabrik hergestellt.

Saint Louis werden mehrere verschiedene Arten von Blumen-Paperweights zugeschrieben. Das flache Bukett bestand aus zusammen gruppierten Millefiori-Blüten mit Blättern und Stengeln auf farbigem oder Jaspis-Grund und einer runden Einfassung aus Millefiori. Von diesem Thema gibt es viele Variationen mit verschiedenen Gründen, konzentrischen Millefiori-Ringen und unterschiedlichen Arrangements des Buketts. Die meisten davon sind regelmäßig geformt, aber ein paar sind über und über facettiert, was für Saint Louis typisch ist. Ein paar Buketts, die eine hübsche Torsade in zarten Farben haben, sind bekannt.

Zu den charakteristischen Blumen-Paperweights aus dieser Fabrik gehören die unvermeidlichen Stiefmütterchen, Clematis, Geranien (manchmal Anemone genannt), Fuchsien, Dahlien und eine sehr seltene Blume, die sich botanisch nicht genau einordnen läßt, aber der Chrysantheme ähnelt. Diese einzelnen Blumen finden sich auf einem Jaspis-Grund oder noch häufiger einem Latticinio-Wirbel aus weißem oder rosa opakem Glas. Frucht-Paperweights aus Saint Louis enthalten Erdbeeren, Kirschen und Trauben und außerdem Körbchen, in denen ein paar kleine Früchte (Birnen und Kirschen) arrangiert sind. Auch hier wird meist der Latticinio-Grund verwendet. Andere Beschwerer mit Johannisbeeren, Birnen und Äpfeln können aus Saint Louis stammen oder auch nicht; manchmal schreibt man sie Pantin zu. Sie sind alle selten und haben nicht den Reiz der Blumen-Paperweights, obwohl sie technisch gekonnt sind.

Eine Spezialität von Saint Louis waren verschiedene Arten von Overlay-Paperweights, auch doppelt überfangene oder umschlossene, bei denen einfache oder mehrfache Überfänge in farbigem Glas verwendet wurden und dann ein schwerer Überzug aus klarem Kristallglas aufgetragen wurde, der den Paperweight einschloß. Das Schleifen und Polieren der Fenster wurde stets mit großer Sorgfalt und Präzision ausgeführt. Es gibt sogar einen dreifach überfangenen Paperweight, Königsblau über opakem Weiß und transparentem Lachsrosa, heute im Corning Museum of Glass aufbewahrt. Reich facettierte Beschwerer und Handkühler (Stopfeier) mit aufrechtem Bukett waren eine weitere Spezialität von Saint Louis. Zu den seltensten aller Saint-Louis-Paperweights gehören die merkwürdigen ›marbrie‹-Paperweights. Diese ungewöhnlichen Paperweights sind selten hohl und leiten ihre Bezeichnung von dem französischen Wort für Marmor (marbre) ab. Sie zeigen eine marmorierte Oberfläche, die dem Effekt bei Buchschnitten sehr ähnelt. Diese Paperweights enthalten einen einzelnen, weiß-opaken Überfang, gesäumt von gezogenen (›gekämmten‹) Fäden in Blau, Rot, Grün oder einer anderen Farbe, einem einzelnen Millefiori-Abschnitt oder Blümchen am Scheitelpunkt. Saint Louis produzierte verhältnismäßig wenige Paperweights mit Insekten, Vögeln oder Tieren, und als Gruppe sind sie so selten, daß sie nur in einer Handvoll Exemplaren vertreten sind. Saint Louis zugeschrieben wurden ein einziger Frosch, ein paar hübsche Eidechsen und Schlangen, ein paar Sulphide-Overlay-Paperweights mit einem Fisch, der als Karpfen bezeichnet wird. Sie und ein einziger Jagdhund, ferner ein paar seltsam hochbeinige ›Papageien‹ bilden die ganze Saint-Louis-Menagerie. Ein paar andere, darunter ein einziges Eichhörnchen und ein Grashüp-

70 *Besonders seltene Eidechse,*
*das Reptil in Dunkelblau und ver-*
*goldet liegt auf blauem Kristall*
*(Spink & Son)*

71 *Schöner dreifarbig marmorierter*
*Paperweight (sog. Marbrieweight)*
*(Tillman)*

70

71

73

72

72 *Großes, flaches Bouquet auf klarem Grund*
*(Tillman)*

73 *Dichtes Millefiori (Spink & Son)*

fer, wurden manchmal Saint Louis zugeschrieben, aber manche Kenner meinen, daß sie von Pantin stammen könnten. Relativ leicht zuzuordnen sind Saint Louis' berühmte Eidechsen-Paperweights in den verschiedensten Farben des Overlays, bei denen die Echse zusammengerollt außen auf dem Paperweight liegt. Bei vielen dieser Stücke waren die Echsen vergoldet. Der Beweis der Originalität dieser Spezialitäten von Saint Louis ist deshalb so leicht zu führen, weil noch heute der zur Herstellung verwendete Model in der Fabrik existiert. Auch hier hatte Saint Louis Mitte des 19. Jahrhunderts keine Konkurrenz. Die klassischen Paperweights von Saint Louis sind fast alle innerhalb einer Spanne von sechs Jahren entstanden. Das Unternehmen beteiligte sich nicht an der Weltausstellung von 1851, und in den Berichten über Glaswaren, die bei späteren Ausstellungen gezeigt wurden, glänzen Paperweights durch Abwesenheit. Anders als Baccarat scheint Saint Louis die Paperweight-Produktion nach 1850 völlig eingestellt zu haben. Ein Jahrhundert später hat Saint Louis allerdings das Interesse an ihrer Herstellung wieder aufleben lassen. Wie Baccarat brachten sie zur Krönung von Queen Elizabeth einen Sulphide-Paperweight mit kompliziertem Overlay heraus und danach eine Reihe von konzentrischen Millefiori-Paperweights sowie eine Anzahl von solchen mit Früchten, Blumen und Gemüse, ein paar mit einem Schmetterling und mehrere verwandte Gegenstände, wie Pokale und Vasen mit massivem Millefiori-Fuß. Diese Paperweights waren erstaunlich gut gemacht, wenn man bedenkt, daß seit den letzten Versuchen in der Herstellung von Paperweights ein Jahrhundert der Untätigkeit vergangen war. In der Wiederaufnahme der Paperweight-Produktion in großem Umfang blieb Saint Louis bis etwa 1970 hinter Baccarat zurück. Anfang 1960 wurden ein paar wenige gemacht, aber dann fiel die Produktion wieder zurück, bis 1969 begrenzte Auflagen von Millefiori- und Blumen-Paperweights ausgeliefert wurden. Diese modernen Paperweights sind von höchster Qualität und können sich mit dem technischen Stand der klassischen Paperweights absolut messen; in der Art der Ausführung sind sie oft vortrefflicher. Die meisten, wenn auch nicht alle modernen Paperweights aus St. Louis, tragen die Jahreszahl und die Initialen ›SL‹. Die alte Vorliebe für reiche Facettierung ist wiederbelebt worden, und ein paar Stücke aus der Mitte der 60er Jahre sind über und über kunstvoll facettiert.

◄

*Tafel VIII:*
*Beispiele moderner Saint Louis Lampwork-Paperweights, 1973 bis 1977*
*Von oben nach unten:*
*Abb. 74 Gelbe Clichy-Rose, 75 Weiße Dahlie, 76 Weiße Phantasieblüte,*
*77 Blumenkorb (farfalla)*

Die begrenzten Auflagen für den Handel begannen 1969. Drei Typen wurden produziert: 1000 Pilzformen (mushroom-weights) in Überfangtechnik, 800 Dahlien und 800 rote oder gelbe Blumen auf purpurnem Grund. Diese Paperweights enthielten ein zentrales Blümchen mit der Jahreszahl unter den Initialen SL. Dadurch erhielt Saint Louis einen starken Anreiz zur regelmäßigen Ausgabe jährlicher, sehr abwechslungsreicher Kollektionen. Dieser Erfolg hält bis heute an. Oft sind einzelne Ausgaben schon vor dem Erscheinen beim Handel vergriffen. Viele Sammler lassen sich daher bei ihrem Händler gleich die gesamte Jahreskollektion im voraus reservieren, die ja nur langsam das ganze Jahr über kontinuierlich hindurch fertiggestellt werden kann, damit sie sichergehen, auch alle Paperweights zu erhalten. Diese Paperweights sind sehr kostspielig (500 bis 5000 DM) und die Preise mit denen der klassischen Periode vergleichbar, da keinerlei Arbeitserleichterungen zur Herstellung von Paperweights eingeführt werden konnten.

Diese Tatsache, daß Paperweights auch heute noch neben venezianischen Spiegeln und Leuchtern sehr wertvolle Glasgegenstände sind – wenn nicht sogar die kostspieligsten dekorativen Glasobjekte überhaupt –, kann derjenige sofort verstehen, der nur einmal das Glück hatte, bei der Herstellung zuzuschauen. Er wird dieses aufgrund der vielen erforderlichen Einzelschritte leider immer nur abschnittsweise zu sehen bekommen, doch wird schon ein kurzer Einblick genügen, den Unterschied zwischen der Herstellung eines noch so kostbaren Weinglases (100 bis 500 DM), das in jedem Fall in wenigen Minuten geblasen und fertiggestellt sein wird, und eines Millefiori-Paperweights, der selbst unter Berücksichtigung nicht aller Arbeitsschritte oftmals noch stundenlang, aber manchmal sogar tagelang von vielen Beteiligten gefertigt wird.

In der vollständigen, langwierigen Handarbeit liegt die Tatsache des oft hohen Wertes von Paperweights begründet, und es ist damit aber auch gleichzeitig seine Wertbeständigkeit garantiert. Hierin ist damit sicherlich auch der neue, große Erfolg, gewissermaßen eine Renaissance der Paperweights in Amerika, England und seit etwa 10 Jahren nun auch in Kontinentaleuropa bei den Glassammlern zu suchen. Aber auch Spekulanten werden sich damit sicher schon heute manchmal unter diese Sammler verirren.

Wenn heute für klassische Paperweights der Kristallerien Baccarat und Clichy bei gut erhaltenen Stücken Tausende von Mark auf den einschlägigen Kunstauktionen geboten werden, für Saint-Louis-Paperweights teilweise sogar weit über 100 000 DM (z. B. am 10. Juli 1979 in London, 48 000 Pfund Sterling, Saint-Louis-Bukett); und wenn schon jetzt moderne Paperweights der erst drei letzten Jahrzehnte auf diesen Auktionen erscheinen (Charles Kaziun, Francis D. Whittemore, Paul Stankard, Paul Ysart und Whitefriars) und dann sogar zu teilweise spektakulären Preisen über den Tisch des Auktionators gehen (wie zuletzt im Mai 1981 in New York geschehen), so ist hier eine Bewegung im

*78 Sehr selten: Überstochener,
blau-weißer Overlay-Paperweight
mit aufrechtstehendem Sträußchen
in der Mitte, zwei Pferde-Silhouetten in opaken Feldern seitlich und
einem klaren, runden Fenster oben,
7,9 cm*

Gange, die in allererster Linie eigentlich nur die Faszination, die von diesen ge-
heimnisvollen, bunten Paperweights ausgeht, ganz gehörig hervorhebt und
dem Sammler ganz nebenbei bestätigt, daß er sich hier etwas Einmaliges ausge-
sucht hat.

Erst in zweiter Linie ist es auch wichtig, darauf hinzuweisen, daß eine hier fast
schon vergessene alte Glashüttentechnik vor der Vergessenheit bewahrt wird,
und es werden Menschen beschäftigt, die Dinge ausschließlich mit ihren Hän-
den schaffen, die uns immer wieder tagtäglich, und das über lange Jahre hin-
weg, begeistern und faszinieren können.

## Sonderausgaben Saint-Louis-Paperweights von 1970 bis 1981

| | | Auflage |
|---|---|---:|
| 1970 | Clematis in Rot oder Pistaziengrün, Fensterschliff | 800 |
| | Dahlie in Rot, Pistaziengrün oder Blau, teilweise Fensterschliff | 800 |
| | Doppel-Overlay-Mushroom in Blau, Rot oder Pistaziengrün mit Weiß, Fensterschliff | 800 |
| 1971 | Clematis-Bukett, Fensterschliff | 400 |
| | Marbrie | 400 |
| | Bunte Spirale | 400 |
| | Blau-weiße Spirale | 400 |
| | Millefiori-Stern, Fensterschliff | 180 |
| | s. o. mit Overlay weiß, pistaziengrün, blau oder rot | 400 |
| | Schah von Persien, Sulphide, Fensterschliff | 1000 |
| 1972 | Carpet ground | 400 |
| | Doily-Patterned Millefiori | 400 |
| | Patterned Millefiori | 400 |
| | Millefiori, weiß | 400 |
| | Clematis auf Latticinio, Fensterschliff | 400 |
| | Piedouche, regelmäßig | 150 |
| | Piedouche, unregelmäßig | 50 |

| 1973 | Kronengewicht | 400 |
|---|---|---|
| | Millefiori-Girlande auf rotem Grund | 400 |
| | Penholder | 150 |
| | Super Magnum Piedouche | 11 |
| | Blume auf orangefarbigem oder pistaziengrünem Grund | 800 |
| 1974 | Dahlie, weiß, auf malvenfarbigem Grund | 400 |
| | Honecomb | 400 |
| | Kathedrale von Autun, Sulphide | 400 |
| | Millefiori-Geländerknauf | 300 |
| | Petschaft in Rot oder Blau | 1000 |
| 1975 | Kirschen auf Latticinio, Fensterschliff | 450 |
| | Doppel-Overlay-Bukett, Fensterschliff | 450 |
| | Hawaii-Millefiori | 450 |
| | Pompondahlie auf Latticinio | 450 |
| | Handcooler (Stopfei) | 500 |
| | Millefiori-Manschettenknöpfe | |
| 1976 | Fuchsie auf Latticinio, Fensterschliff | 400 |
| | Rote Clichy-Rosen, Fensterschliff | 400 |
| | Gelbe Clichy-Rosen | 400 |
| | Millefiori auf blauem Grund | 200 |
| | Piedouche mit Clichy-Rose im Zentrum, unregelmäßig | 350 |
| | Piedouche mit Clichy-Rose im Zentrum, regelmäßig | 100 |
| | General de Gaulle, Sulphide, Fensterschliff | 2000 |
| | General Washington, Goldfolienprägung, Fensterschliff, ohne Overlay | 650 |
| | s.o. mit Overlay rot/weiß | 400 |
| | Adler der Vereinigten Staaten von Amerika, Sulphide, Doppel-Overlay, Rot mit Weiß, Fensterschliff | 400 |
| | ›Mon‹, Sulphide, Fensterschliff (Spezialauftrag, nicht im freien Handel) | 500 |
| 1977 | Fünf-Blumen-Bukett, Fensterschliff | 650 |
| | Doppel-Overlay mit fünf Blumen, Fensterschliff | 650 |
| | Blaue Blumen auf Latticinio, Fensterschliff | 650 |
| | Honeycomb-Geländerknauf | 450 |
| | Filigran-Geländerknauf | 450 |
| | Dreidimensionales Bukett auf Latticinio | 650 |
| | Kerzenhalter | 100 |
| | Millefiori-Penholder | 450 |
| | General de Gaulle 1940, Sulphide, Fensterschliff | 1200 |
| | s.o. mit Doppel-Overlay, Rot mit Weiß | 700 |
| | Präsident Carter, Sulphide, Fensterschliff | 500 |
| | s.o. mit Doppel-Overlay, Rot mit Weiß | 300 |
| 1978 | Carpetground | 350 |
| | Millefiori auf Lace-Grund | 350 |
| | Rose auf malvenfarbigem Grund, Fensterschliff | 350 |
| | Bukett auf Latticinio, Fensterschliff | 350 |
| 1979 | Amour, Sulphide, Fensterschliff | 400 |
| | Blaue Kornblumen, Fensterschliff | 250 |
| | (Spezialanfertigung für Bergstrom-Museum) | |
| | Bukett auf amberfarbigem Grund, Fensterschliff | 450 |
| | Girlande | 450 |

| | | |
|---|---|---|
| | Früchte auf Latticinio, Fensterschliff | 450 |
| | Encased Doppel-Overlay-Bukett, Fensterschliff | 150 |
| | Encased Doppel-Overlay-Mushroom, Fensterschliff | 150 |
| | Tut-ench-Amun, Goldfolienprägung, Fensterschliff, orange- oder türkisfarbener Grund | 600 |
| 1980 | Spirale weiß/rosa mit gelber Clichy-Rose, Miniatur-Paperweight | 360 |
| | Früchte auf Latticinio, Miniatur-Paperweight | 360 |
| | Stiefmütterchen auf Lace, angeschliffen | 375 |
| | s. o. nicht angeschliffen | 25 |
| | Eidechse, pinkfarbenes Overlay, vergoldet oder nicht vergoldet | 300 |
| | Rote Blume auf blauem Grund, Fensterschliff | 400 |
| | Mount-Washington-Plaketten-Weight | 25 |
| | Sanduhr | 300 |
| | Miniatur-Kerzenhalter | 300 |
| | Manschettenknöpfe und Krawattennadel mit Hundesilhouette | |
| 1981 | Mushroom mit Doppel-Overlay, Weiß mit Grün, Fensterschliff | 500 |
| | Millefiori-Kreuz | 500 |
| | Blütenkorb | 500 |
| | Bukett | 500 |
| | Close Millefiori | 500 |
| | Maske des Agamemnon, Goldfolienprägung, angeschliffen | 400 |
| | Tempel des Agamemnon, Goldfolienprägung | 100 |
| | Papst Paul Johannes II., Sulphide, Overlay weiß, Fensterschliff | 300 |
| | s. o. ohne Overlay | 1000 |

# Clichy

Die dritte französische Glashütte, die sich auf Paperweights spezialisierte, bestand erst ein paar Jahre, als diese attraktiven Spielereien in Mode kamen. 1837 gründete Joseph Maës in Billancourt (Sèvres) eine Glashütte und zog zwei Jahre später nach Clichy-la-Garenne, damals am Stadtrand von Paris. Anfangs konzentrierte sich die Firma auf Billigwaren für den Export, begann aber in den ersten Jahren nach 1840 mit der Herstellung teurer Waren von hoher Qualität, so daß das Glas von Clichy um die Zeit der ›Exposition‹ von 1844 im Vergleich mit dem von Baccarat und Saint Louis äußerst günstig abschnitt. Diese beiden alteingesessenen Firmen lehnten es ab, sich an der Weltausstellung von 1851 zu beteiligen, und Clichy ging mit dem Hauptpreis der Abteilung Glasherstellung daraus hervor. Wie man an den Preisen sieht, die die Firma in den Jahren 1850/60 gewann, blühte Clichy unter der Leitung von Maës und seines Partners Clemandot. Als Saint Louis die Produktion von Paperweights um 1850 fallen ließ, stieg Clichy ein und führte die Aufträge aus, die die Konkurrenz entweder nicht erledigen konnte oder wollte.

1853 beteiligte sich Clichy an der Kristallpalast-Ausstellung in New York, und es lohnt sich, Horace Greelys Besprechung der Erzeugnisse der Firma, Teil eines ausführlichen Artikels in der ›New York Tribune‹, zu zitieren: ›Die Kollektion von Mr. Maës (sic) aus Clichy bei Paris ist sehr umfangreich und schön. Er ist nicht nur Glashersteller, sondern auch mit der chemischen Seite seiner Kunst wohlvertraut, wie die Schönheit und das Ungewöhnliche seiner Produkte beweisen, für die er zwei Medaillen gewonnen hat; von seinem eigenen Land und von England während der Londoner Ausstellung. Letztere wurde für Linsen und Glas, für optische Instrumente vergeben; eine Ratsmedaille für neues chemisches Verfahren und einen Preis für ein Prisma aus Zinkglas. Nicht nur Ornament und Farbe von Mr. Maës' Kollektion sind eine hervorragende Leistung, auch Entwurf und Form seiner Gefäße zeigen großen Geschmack. Die Paperweights sind darin von unendlicher Vielfalt.‹

Clichy nahm als einzige französische Firma an der Glasabteilung der Weltausstellung 1862 in London teil und später in Frankreich an den Ausstellungen von 1867 und 1878. Gegen 1870 wurden immer noch einige Paperweights hergestellt, aber zur Zeit der Ausstellung von 1878 ›lebte dieses Unternehmen vom Ruhm seiner Vergangenheit‹, wie die Jury von 1878 in ihrem Bericht unfreundlich vermerkt. Nach dem Französisch-Preußischen Krieg sank die Qualität des Glases von Clichy rasch. 1885 wurde das von Maës gegründete Unternehmen von der Familie Lander erworben, die in Sèvres eine Glashütte betrieb. Das Unternehmen wurde in ›Cristalleries de Sèvres et Clichy‹ umgetauft, aber wenn auch der alte Name beibehalten wurde, blieben die Erzeugnisse der Firma doch weit unter dem Qualitätsmaßstab, den man mit Clichy verband. Die Firma geriet von da an in Vergessenheit.

Der Zeitraum, in dem Clichy Paperweights herstellte, läßt sich nicht genau angeben, weil es bei der Firma nicht üblich war, diese zu datieren. Es ist anzunehmen, daß sie 1846 oder Ende 1845 entstanden und die Produktion eher länger lief als die von Baccarat, sporadisch bis etwa 1870. Die Blütezeit der Clichy-Paperweights lag zwischen 1846 und 1852. Im Profil sehen die Clichy-Beschwerer wie eine vollkommene Kugelform aus, die etwas abrupt in einer flachen Basis endet. Zwar sind sie meist nicht so hoch gewölbt wie die von Saint Louis, haben aber ein perfekter gerundetes Aussehen. Die Basis war ganz leicht konkav mit einem ganz schmalen, flachen Rand. Die meisten Clichy-Paperweights haben seitlich nahe der Basis einen schwach eingepreßten Ring, der meist mit dem Rand des Grundes zusammentrifft. Das Glas ist klar und meist heller als das von Baccarat oder Saint Louis. Overlay-Paperweights haben am Boden ein dekoratives Muster, entweder als Stern oder als sogenannter Erdbeerschliff eingeschliffen, manchmal auch in winzigen Quadraten, die an Millimeterpapier erinnern. Diese Eigentümlichkeit war für Clichy bezeichnend und ein sicheres Erkennungszeichen, bis vor kurzem die Glashütten von Murano anfingen, klassische Clichy-Paperweights zu imitieren und die Sammler damit zu täuschen versuchten.

*79 Stiefmütterchen in klarem Glas, 7,6 cm*

*80 Seltenes Initialen-Medaillon mit Mono-*
*gram ›AH‹ oder ›HA‹ in Blau über weißen*
*Canes, 9,5 cm*

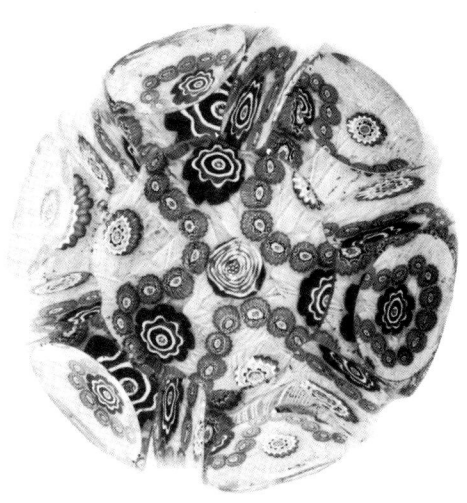

*81 Facettierter Paperweight auf Musselin-*
*Grund mit kleeblattförmiger Girlande und*
*Schliffrinnen, 8,2 cm*

Autoren, die sich früher mit dem Thema beschäftigten, haben von der berühmten Clichy-Rose viel berichtet, einem Millefiori-Cane, das sich in etwa einem
Drittel aller Clichy-Paperweights findet. Nun waren zwar Rosen keineswegs
ein Monopol von Clichy, aber das Blümchen, das diese Firma verwendete, war
sehr bezeichnend. Es war sehr klein und bestand aus einem Bündel konzentrisch angeordneter, winziger abgeflachter Canes, die die Blütenblätter der
Rose im Schnitt gesehen bildeten. Es gab verschiedene Varianten der Clichy-
Rose, entweder mit kreis- oder kreuzförmigem Muster, manchmal auch einem
Quirlmotiv in der Mitte. Diese Rosen gibt es in ungeheurer Vielfalt von Tönungen und Farben.

82  Verschlungene
Girlanden auf
Purpur-Grund,
8,2 cm

83  Kreis aus
Rosen auf dun-
kelblauem
Grund, 6,7 cm

Clichy verwendete eine Auswahl von Canes, die an Umfang ebenso groß war wie die von Baccarat, wobei bestimmte Formen vorherrschen. Dazu gehören die typischen ›Backform‹-Canes, die man leicht an ihrem tief gekräuselten Rand erkennen kann. Ein weiterer, leicht erkennbarer Typ ist der Clichy-Quirl, bestehend aus feinen, konzentrischen Kreisen. Außerdem gab es die übliche Reihe von gedrehten Canes, Sternen und Rädchen, rechteckig gemusterte wurden dagegen selten verwendet. Ein paar Clichy-Paperweights enthalten ein opak-weißes Cane mit dem Buchstaben ›C‹ in Schwarz, Blau, Rot oder Grün. Der Buchstabe hat stets einen starken Haarstrich und wird deshalb manchmal mit einem Hufeisen verwechselt. In ganz wenige Paperweights ist der Name voll eingeschliffen. Silhouetten kommen bei Clichy-Paperweights anscheinend nicht vor, ein ganz bedeutender Faktor, den man beim Versuch, Paperweights zu identifizieren, bedenken sollte.

Clichy-Paperweights waren zwar nicht datiert, es gibt aber eine Ausnahme, die im Zusammenhang mit der Weltausstellung von 1851 entstand. In die Basis war das gekrönte Monogramm ›VA‹ (Victoria und Albert) eingeschliffen und darunter ›Londres, 1851‹. Dieses Einzelstück wurde 1955 bei Sotheby's angeboten und befindet sich jetzt im Corning Museum of Glass. Der Paperweight selbst besitzt zwar ein eigenes Lederetui, ist aber nur ein durchschnittliches Beispiel für Clichys Qualitätsarbeit: klares Glas mit weitverteiltem Millefiori.

Clichy lieferte die ganze Skala an Paperweight-Typen, und jeder hat seine charakteristischen Merkmale, was die Identifizierung ziemlich einfach macht. Die Paperweights mit verstreutem Millefiori, die die Firma in Überfülle und in allen Größen produzierte, sind vermischt mit Canes in vielen anderen Farben, vorwiegend jedoch grün gemustert. Räumliches Millefiori tritt in zwei charakteristischen Formen auf: Bei der einen erzeugen ungleichmäßige Größe und

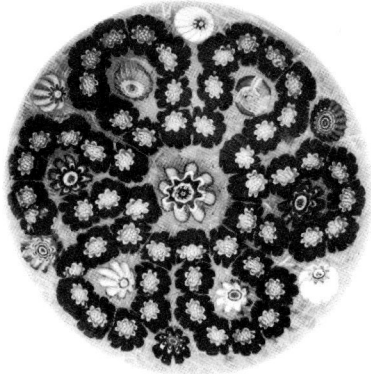

84 *Millefiori-Muster auf Musse-*
*lin-Grund mit sechs Blümchen-*
*Schlingen, 7,6 cm*

85 *Typischer ›barber's pole‹-Paper-*
*weight, der Musselin-Grund durch*
*rote und weiße gedrehte Ränder*
*unterteilt, 8,2 cm*

86 *Verstreute Millefiori-Canes*
*auf lachsrosa Grund, 8,2 cm*

Abstand der Canes gegen den Rand der Peripherie eine Illusion der Streuung.
Bei den sogenannten ›Schach‹-Beschwerern erfolgt die Abgrenzung durch feines Latticinio. Die ›verstreut‹-vermischten Millefiori-Paperweights sind meist
auf einen opaken, durchscheinenden oder Musselin-Grund montiert. Dicht
gepacktes Millefiori hat diese Fabrik selten gemacht, aber dort findet sich die
Clichy-Rose in ihren vielen Erscheinungsformen am häufigsten.

Clichy produzierte eine große Auswahl an Millefiori-Paperweights mit konzentrischen Mustern, manchmal mit bis zu acht Kreisen in dicht gepackter Anordnung auf klarem Glasgrund. Andere mit vier oder fünf Ringen haben einen
farbigen oder einen Musselin-Grund. Der gefärbte Grund von Clichy bestand
meist aus einer opak-weißen Basis mit durchscheinendem Überfang in sattem
Rubinrot und Schattierungen von Rot- oder Blautönen, von tiefem Kobalt bis
Himmelblau, oder Grün, von zartem Lindgrün bis zu leuchtendem Smaragd.
Die schönsten dieser farbigen Gründe findet man bei den hübschen Girlan-
den-Paperweights, die eine Spezialität von Clichy sind. Clichy erfand eine un-
geheure Vielfalt von Girlanden-Mustern und Kombinationen von Schlingen

und Kreisen, kaum zwei sind jemals einander gleich. Andere bevorzugte Muster von Clichy waren Sterne und C-Schnörkel, bei denen die Canes zu konzentrischen Sternen oder in Gruppen von vier oder fünf Halbkreisen arrangiert waren, die wie der Großbuchstabe C aussehen mit konzentrischen Kreisen in der Mitte.

Die Clichy-Rose findet sich auch in Wirbel-Mustern mit kontrastierenden Bändern aus opak-weißen und rosa oder purpurnem Streifen. Clichy machte auch Paperweights, bei denen die Bänder, die von der zentralen Rose ausgingen, sich an ihren Enden nicht zum üblichen Wirbelmuster bogen, sondern gerade waren, wie die Speichen eines Rades.

Clichy produzierte sehr wenige Bukett-Paperweights, mit einer Gruppe von drei oder vier Blümchen auf klarem oder Musselin-Grund, manchmal von einem Rand von Millefiori eingefaßt. Andere zeigen ein paar Blümchen, wie zufällig auf einen Latticinio-Grund verstreut, als wären sie gerade gepflückt worden. Clichy zeigte auch die üblichen Stiefmütterchen in großer Zahl und Vielfalt, außerdem ein paar Paperweights mit anderen Blumen, die man manchmal botanisch nicht genau bezeichnen kann, dazu andere, die man Purpurwinde, Winde, Reseda oder Skabiose benannt hat. Diese flachen, floralen Paperweights von Clichy sind von auserlesener Schönheit. Man weiß nicht genau, ob Clichy jemals Frucht-Paperweights hergestellt hat, zumindest einen mit zwei Erdbeeren hat man unter Vorbehalt der Glashütte zugeschrieben.

Ein einziger Korb-Paperweight ist bekannt geworden und wird Clichy zugeordnet. Er hat die Form eines Korbes, senkrechte weiße Stäbchen, und rot-weiß gewundene Bänder markieren den oberen und unteren Rand. Die Seiten sind zweimal leicht eingedrückt, Spuren an diesen Einbuchtungen weisen darauf hin, daß der Korb ursprünglich einen angeschmolzenen Glashenkel besaß. Die Füllung des Korbes besteht aus konzentrischem Millefiori mit Büscheln von Blümchen. Ein sehr dünner Überzug aus klarem Glas sorgt für die Illusion eines Blumenkorbs und hebt ihn von herkömmlichen Paperweights ab. Ein paar Paperweights mit dichtem oder konzentrischem Millefiori waren auf einen Sockel, umrandet von Stäbchen aus opak-weißem Glas, montiert. Diese nennt man manchmal ›Piedouche‹.

Clichy hat zwar keinen so ausgedehnten Gebrauch von Facettierung gemacht, wie Saint Louis oder Baccarat, produzierte aber ein paar ungewöhnliche Stükke, die eine senkrechte Riffelung zwischen den Fensterschliffen zeigen. Hollister erwähnt auch ein wahrscheinlich einzigartiges Exemplar, einen weißen Overlay-Paperweight, im Stil einer ›Melonenscheibe‹ geschliffen mit tiefer, senkrechter Riffelung von unten bis oben und einer Clichy-Rose als oberen Abschluß. Innen ist ein flaches, dichtes Millefiori-Muster, das man nur durch die enge Riffelung erspähen kann. Clichy machte ein paar Overlay-Paperweights, bei denen die üblichen Fenster in die Überfangschichten geschliffen waren. Die meisten davon sind doppelt überfangen, innen in Weiß und außen in Rot-, Grün- oder Blautönen. Die Fenster sind ziemlich groß und leicht konkav, ein einzelnes, flacheres ist oben in die Wölbung eingeschliffen. Das Innere eines solchen Overlay-Paperweights besteht meist aus einem dichten oder konzentrischen Millefiori-Muster in einem Korb mit weißen Canes.

Außer Paperweights stellte Clichy auch ein paar Gegenstände mit Millefiori-Muster her, darunter runde Aufsätze für Geländer- und Bettpfosten, Tintenfässer und Parfumflaschen, Karaffen und Türknäufe. Das Millefiori war in klarem Glas, entweder im Boden oder im Stöpsel. Auch ein paar Vasen, ganz mit Millefiori dekoriert, wurden Clichy zugeschrieben.

Bei Clichy werden seit etwa 1869/70 keine Paperweights mehr hergestellt. Auch hat die ›Cristallerie de Sèvres‹, die ja inzwischen schon lange den Zusatz ›et Clichy‹ aus ihrem Firmentitel gestrichen hat und die ja als weit entfernter Nachfolger anzusehen ist, diese Tradition nicht wieder aufleben lassen.

*87 Blaue und weiße Spiralen mit Clichy-Rose im Zentrum; vermutlich Clichy*

# 6. Englische Paperweights

Der Erfindergeist der Engländer, die im späten 16. Jahrhundert das herrliche Bleiglas erzeugt hatten, wurde durch die Borniertheit aufeinanderfolgender Regierungen unterdrückt, die von 1745 an das Glas mit harten Steuern belegten. Durch die ungerechte ›Glass Excise‹ (Abgabesteuer) behindert, mußten die englischen Hersteller hilflos zusehen, wie ihre Konkurrenten in Venedig, Böhmen und Frankreich den Markt eroberten, und viele waren gezwungen, ihre Produktion nach Irland zu verlegen, wo die verhaßte Steuer nicht galt. Am Ende der Napoleonischen Kriege stand die Steuer bei 10 1/2 denarii (4 pence) für ein Pfund Glasgewicht, eine untragbare Auflage, die die Industrie fast zugrunde richtete. 1825 wurde die Steuer auf 6 denarii gesenkt, aber erst 1845 ganz aufgehoben, im gleichen Jahr, in dem Paperweights dann dramatisch die Bühne eroberten.

Die Abschaffung der ›Glass Excise‹ erlaubte eine phantastische Wiederbelebung der Glasherstellung an Quantität, Qualität und Vielfalt. Dementsprechend wurde auch der gigantische Crystal Palace (Kristallpalast) zum Treffpunkt der Weltausstellung sechs Jahre später. Er wurde aus fast einer Million Quadratfuß (fast 93 000 qm) Flachglas erbaut, ein triumphierender Beweis für den Aufschwung der Industrie in England. Umfang und Qualität der Glaswaren, die auf dieser Ausstellung gezeigt wurden, waren phänomenal, und natürlich waren Paperweights daran beteiligt. Die Mehrzahl der englischen Paperweights waren Millefiori und von den großen französischen Herstellern angeregt. Das ist verständlich, denn die englischen Glashütten waren bestrebt, einen Artikel zu produzieren, der beim Publikum beliebt war und für den es einen, wenn auch jungen, aber festen Markt gab. Dabei experimentierten die Engländer aber mit Typen von Paperweights, die es in Frankreich nirgends gab, und wenn man das Werk von Pellatt und anderen im vorhergehenden Jahrzehnt betrachtet, zeigt sich, daß die Engländer imstande waren, einen eigenen, wertvollen Beitrag zur Kunst des Paperweights zu leisten.

Weil englische Paperweights bis vor kurzem verhältnismäßig wenig beachtet wurden, hat man ihre Vorläufer nie so gewissenhaft oder umfangreich er-

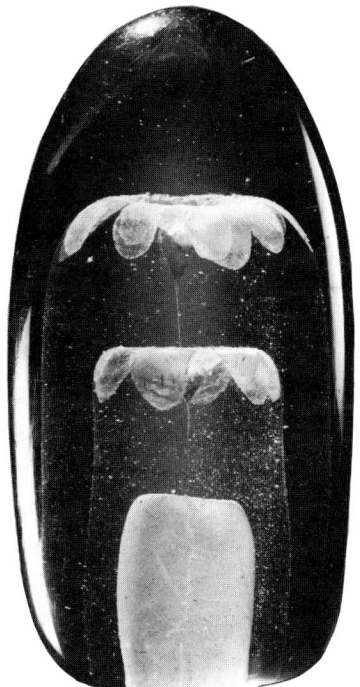

*88 Spiraliger Tür-Stopper mit Blüte und spiraligem Bläschen-Motiv*

*89 Türstopper mit Doppel-Blüte und Topf, frühes 19. Jh., 12,7 cm hoch*

forscht wie die der französischen Hersteller. Daraus ergeben sich viele falsche Vorstellungen, die erst jetzt ausgeräumt werden können.

Der hartnäckigste dieser Irrtümer ist, Paperweights seien im 19. Jahrhundert in Bristol und im benachbarten Nailsea gemacht worden. Im 18. Jahrhundert waren beide Städte Zentren eines Glasmacher-Gewerbes, das auf farbiges Glas spezialisiert war, vor allem das berühmte blaue Glas von Bristol. Aber als die Paperweights um 1840/50 immer beliebter wurden, starb die Glasmacherei im Westen des Landes aus. Die Millefiori-Paperweights, die das Cane mit der Initiale ›B‹ enthalten, sind vielleicht in Venedig (Bigaglia) oder aber fast immer in Baccarat hergestellt worden, einschließlich derer, die Dupont in den ersten Jahren nach 1930 für Baccarat produzierte. Man kann die Möglichkeit, daß Paperweights in Bristol gemacht wurden, zwar nicht gänzlich ausschließen, aber bisher ist es Industrie-Archäologen nicht gelungen, bei der Untersuchung der alten Fabrikgelände handgreifliche Beweise ans Licht zu bringen. Nailsea hat man oft die Herstellung der großen, flaschengrünen Paperweights zugeschrieben, die man heute noch häufig in England findet, aber diese wurden, wie später in diesem Kapitel besprochen wird, von Kilner und anderen Glasmachern hauptsächlich im Gebiet von Yorkshire produziert.

*91  Glas-Inkrustation von Apsley Pellatt zum
Gedächtnis der Grundsteinlegung des Royal
Exchange durch Prinz Albert im Januar 1842*

*90  Ungewöhnliches Parfümfläschchen mit Avers und Revers der Medaille zur
Krönung von König George IV., Crystallo-Ceramie, 1820 von Apsley Pellatt,
8,2 cm*

Der andere große Mythos um englische Paperweights besagt, sie seien in der
Gegend um Stourbridge im Westen der Midlands gemacht worden. Stourbridge war und ist bis heute ein bedeutendes Zentrum der Glasindustrie. Man
ist dort nicht nur auf Flach- und Industrieglas spezialisiert, sondern war im
19. Jahrhundert auch stark an der Entwicklung von Kunst- und Luxus-Glaswaren beteiligt. Abgesehen von ein paar mündlichen Hinweisen, Paperweights
seien in jenem Bezirk gemacht worden, gibt es keine positiven Beweise für
diese Behauptung, und bei vielen Beschwerern, die bisher Stourbridge zugeschrieben wurden, ist inzwischen erwiesen, daß sie aus Birmingham oder London kamen. Man kann hier aber die Möglichkeit einer Paperweight-Produktion nicht ganz ausschließen. Es gibt immer noch mehrere Stücke, deren Pro-
venienz nicht nachgewiesen ist und die aus Bequemlichkeit wie aus anderen
Gründen von Händlern und Versteigerern immer noch als ›Stourbridge‹ etiket-
tiert werden.

# Whitefriars

Der Haupthersteller von Paperweights in England, damals wie heute (bis 1980), war Whitefriars in London. Im letzten Viertel des 17. Jahrhunderts existierte auf dem Gelände des alten Klosters der White Friars (Kapuzinermönche) eine Glashütte, die Flintglas für hauswirtschaftliche Zwecke herstellte. Die Firma wurde 1835 verjüngt, indem James Powell, ein Glasmacher aus Bristol, sie übernahm und ihr den Namen ›James Powell & Sons‹ gab. Unter der neuen Leitung gewann das Unternehmen in England überragende Bedeutung, seine Produktion reichte von bescheidenen Haushaltswaren über Teleskop-Linsen bis zu farbigem Glas für Kirchenfenster. 1851 bekam die Firma bei der Weltausstellung eine Medaille für ihr schönes Kristallglas, was ihr auch in dem Bericht, den Eugéne Péligot für die französischen Bevollmächtigten zur Ausstellung verfaßte, einen wohlwollenden Kommentar einbrachte. Paperweights blieben unerwähnt, obwohl Powell sie seit mindestens drei Jahren herstellte. Weit bis ins 19. Jahrhundert hielt sich Whitefriars an konventionelle Erzeugnisse, aber unter der Leitung von Harry J. Powell (1853–1922) begann das Unternehmen um die Jahrhundertwende, Glasmachen als Kunst wiederzubeleben und hält seit damals eine Spitzenposition in der Herstellung von mundgeblasenem Glas, feinen, handgravierten Vasen und Pokalen und Kunstglas von hervorragender Qualität. Bei dieser Wiederbelebung haben Paperweights periodisch eine Rolle gespielt und, obwohl ihre Herstellung nicht mit der Zielstrebigkeit betrieben wird, wie sie heute für Baccarat und Saint Louis typisch ist, hat Whitefriars auf diesem Gebiet während der vergangenen zwanzig Jahre hervorragende Arbeit geleistet. In den Jahren 1920/30 zog die Firma von London nach Wealdstone in Middlesex und war dort weiter als ›James Powell & Sons (Whitefriars) Ltd.‹ bekannt, bis der Firmentitel vor einigen Jahren zu ›Whitefriars Glass Ltd.‹ vereinfacht wurde. Die Erzeugnisse tragen das stilisierte Emblem eines Kapuzinermönchs (White Friar), das manchmal wie ein kleines ›i‹ oder wie eine Kerze in Weiß auf dunkelblauem Hintergrund aussieht.

Die Herstellung von Paperweights bei diesem Unternehmen ist ungemein schwer auszumachen. Bis vor kurzem betrieb man sie nie als geplanten oder beabsichtigten Teil der Arbeit der Firma, sondern man scheint sie stets als Seitenzweig betrachtet zu haben. Man geht allgemein davon aus, daß Millefiori-Paperweights seit 1848 und von da an laufend von Whitefriars gemacht wurden, bei erstaunlich wenig Variation der verschiedenen, angewandten Profile. Drei charakteristische Typen wurden hergestellt – ein sehr flacher Paperweight mit einer ebenso flachen Basis, ein höherer gewölbter Typ, ähnlich dem, den die französischen Glashütten bevorzugten, und ein ungewöhnlicher Typ mit einer sehr hohen Wölbung, geraden Seiten und einem gesockelten Rand. Whitefriars machte Millefiori-Paperweights mit dichten oder konzentrischen

Mustern. Soweit man weiß, hat die Firma nie versucht, sich auf das Gebiet von Blumen, Früchten oder Insekten vorzuwagen. Lampenarbeit wurde nie gezeigt. Whitefriars machte auch Weingläser, Karaffen, Pokale und Tintenfässer mit Millefiori-Böden oder -Stöpseln. Auch über sie und die Periode, in der sie entstanden, weiß man wenig. Jedenfalls hat man die Technik des Stangenziehens bis zur Perfektion verfeinert. Feinere Millefiori-Canes findet man in keinem der besten und schönsten Paperweights der Welt von Baccarat, Clichy oder Saint Louis.

Bezeichnend ist aber, daß die Krönung von Queen Elizabeth im Jahr 1953 zum Anlaß für die Herstellung des ersten Paperweights wurde, den Whitefriars geplant auf den Markt brachte. Zur Feier des Ereignisses wurden 600 bis 700 konzentrische Beschwerer mit einem zentralen Cane mit der Inschrift ›E II R 1953‹ herausgebracht, die heute als Sammlerstücke – weil Krönungs-Souvenirs – teuer veranschlagt werden. Obwohl dieser Paperweight so erfolgreich war, hat Whitefriars die Paperweight-Produktion in großem Umfang erst 1965 aufgenommen und brachte damals etwa 400 Beschwerer auf den Markt. Auch nach diesem Datum scheint die Erzeugung sporadisch geblieben zu sein.

Die frühesten Paperweights von Whitefriars gehörten zu dem oben beschriebenen sehr flachen Typ. Trotz ihrer geringen Wölbung machten sich diese Paperweights den Vergrößerungseffekt des umgebenden Glases zunutze. Eine interessante Eigenheit dieser und anderer Whitefriars-Paperweights ist das Aussehen der Basis, die ganz klar den inneren Kreis erkennen läßt, auf dem die Millefiori-Canes angeordnet sind, und den äußeren Mantel der klaren Glaskuppel. Die Unterenden der Millefiori-Abschnitte reichen sehr nahe bis an die Basis. Ein paar Stücke sind nachgewiesen, bei denen die ursprüngliche Hersteller-Signatur noch intakt ist. Sie zeigt einen weißgekleideten Mönch, der ein Schild hält, auf dem WHITEFRIARS steht und POWELLS ENGLISH GLASS den Rand entlang. Moderne Paperweights kommen wie alle anderen Whitefriars-Erzeugnisse mit dem stilisierten Kapuzinermönch auf einem

▶

*Tafel IX: England*
*92 Pinchbeck-Paperweight mit Porträt einer Unbekannten (Spink & Son)*
*93 Krönungs-Beschwerer mit ›E II R 1953‹ im Zentrum-Cane, Whitefriars*
*94 Verstreutes Millefiori und Latticino von Paul Ysart*
*95 Aufrechtstehendes Blumen-Motiv, auf dem Cane ein ›S‹, Strathearn, 1973*
*96 Blume auf Latticino-Korbgrund; man beachte das Initial ›P‹ auf dem Cane, Perthshire, 1973*
*97 Tiersilhouetten, darunter ein Eichhörnchen und ein Papageientaucher auf Latticino-Grund, Perthshire*
*98 Abstraktes Motiv von Caithness, zum Gedächtnis der Landung von Apollo XI, ›Mondlandung‹ genannt*

92

93

94

95

96

97

98

Schildchen auf den Markt, und zusätzlich haben sie meist ein Cane, das das Whitefriar-Motiv und die Jahreszahl trägt.

Whitefriars hat im Lauf der Jahre verhältnismäßig wenig verschiedene Cane-Typen verwendet. Sie bestehen meist aus einzelnen Stäbchen, die wiederum einzelne Stäbchen einschließen. Wellenform, Rädchen, Sterne, Dreiblatt und Vierblatt wurden bevorzugt. Die Begrenztheit der Formen wird durch eine angenehme Farbenskala in einer Menge von Abwandlungen und Kombinationen wettgemacht. Oberflächlich gesehen wirken Whitefriars-Paperweights vielleicht blau, purpurn, grün oder rot, aber bei genauerer Betrachtung stellt sich heraus, daß alle Farben des Spektrums vertreten sind. Kurz vor dem Zweiten Weltkrieg fing Whitefriars an, interessantere Canes bei den Paperweights und verwandten Millefiori-Gegenständen zu verwenden. Dazu gehören Spielkarten-Motive, wie Pik und Karo, und ausgefallenere Motive mit einem Dreiblatt und vier Punkten um das Blatt herum. Mit Ausnahme der wenigen Stücke von 1848 mit den Zeichen auf getrennten, weißen Canes und des bereits erwähnten Krönungs-Paperweights sind Whitefriars-Paperweights früher nicht datiert worden. Moderne Paperweights enthalten ein Cane mit dem Whitefriars-Emblem in Weiß auf dunkelblauem Grund. Ein paar der jüngst herausgebrachten Paperweights haben ein Cane in zwei Blautönen mit dem Emblem im Zentrum und der Jahreszahl in vier winzigen Stern-Stäbchen im unteren Segment des Kreises.

Frühe Paperweights weisen eine große Zahl von dichten Millefiori-Mustern auf, die Canes in allen Farben des Regenbogens eng zusammengepackt. Diese Art Millefiori wurde auch für Tintenfässer, Parfümflaschen und Karaffen verwendet. Die Mehrzahl der Whitefriars-Paperweights halten sich an ein konzentrisches Muster, mit sehr eng aneinandergesetzten Kreisen und bis zu zehn Kreisen rund um ein zentrales Stern-Cane. Bei manchen dieser Paperweights sind die Canes praktisch identisch, andere zeigen einen hübschen Kontrast in Farbe und Form der Kreise. An harmonischer Kombination von Farbe und Form sind die besten Whitefriars-Paperweights eigentlich kaum zu schlagen. Whitefriars stellte auch ein paar ›Schach‹-Paperweights von mehr akademischem als ästhetischem Interesse her. Der Technik, das Latticinio als Einteilung zwischen den Millefiori-Bündeln anzubringen, waren die Glasmacher von Whitefriars damals nicht gewachsen, deshalb zeigen die meisten ›Schach‹-Paperweights ein hoffnungsloses Durcheinander. Whitefriars hat auf dieser komplizierten Technik nicht bestanden, deshalb sind solche Exemplare

◀

*Tafel X:*
*99 Whitefriars Millefiori-Paperweight, Langfensterschliff, 1978 bis 1980,*
*1,5fache Größe*

ziemlich selten. Nur ein Versuch auf dem Gebiet des Überfangs wird Whitefriars zugeschrieben, ein seltsamer, weißer Overlay-Paperweight mit blauen Streifen an der inneren Oberfläche. Durch die eingeschliffenen Fenster sieht man ein hübsches, konzentrisches Muster aus blauen, orangen und roten Canes. In den letzten Jahren hat Whitefriars konzentrische Paperweights mit einer unüberschaubaren Vielfalt an Schliffen geliefert.

1680 gilt als das Gründungsjahr von Whitefriars (vorm. Powell & Sons). 1980 mußte Whitefriars die Produktion aus finanziellen Gründen beenden.

Die ungeheuer gestiegenen Energiekosten, die seit dem EG-Beitritt Englands gewaltig angehobenen Löhne, der starke Konkurrenzkampf, die allgemeine Rezession, die bekannten Probleme vieler Glashütten Europas allgemein und ganz speziell der englischen führten in der Glasindustrie in den letzten Jahren immer wieder zu Stillegungen.

300 Jahre Glasmachertradition, davon fast die Hälfte auch erfolgreiche Paperweight-Herstellung, sind mit der Schließung, mit dem Auslöschen der Öfen für immer zur Geschichte geworden.

Es darf hier nicht verschwiegen werden, daß auch steigende Absatzzahlen durch vermehrte Nachfrage bei Spezialprodukten, dies gilt ganz besonders eben auf dem Sektor der Millefiori-Paperweights, niemals zu einem geschäftlichen Erfolg führen kann, wenn nicht parallel dazu große Mengen des Hauptfertigungsprogrammes, Vasen, Gläser, Schalen abgesetzt werden können.

Dies muß ganz stark verdeutlicht werden, wenn vielleicht angenommen wird, mit einer Fertigung feiner und feinster Paperweights, und sei es auch einer noch so gut eingespielten, läßt sich das große Geld verdienen, das zum Unterhalt einer Glashütte erforderlich ist. Das reicht bei diesem Aufwand, der bei dieser Art von Fertigung betrieben wird, nicht aus. Es wird immer nur ein ganz kleiner Teilbereich der Produktion bleiben, der von den Erfahrungen und dem Können des Personals und den sowieso vorhandenen technischen Voraussetzungen und Möglichkeiten profitiert.

Die Paperweight-Herstellung in den bedeutenden Kristallerien kann eher als eine Art Pflege des guten Rufes, gewissermaßen Imagepflege, eine Art Selbstbestätigung, ein Beweis zur Überlegenheit, vielleicht ein bißchen auch als eine gute Art der Schulungs- und Weiterbildungsmöglichkeit für Fachkräfte, neben dem Festhalten an alter Tradition angesehen werden. Rationale Gründe können jedenfalls kaum zur Aufrechterhaltung einer solch spezialisierten Fertigung angeführt werden. So wird man dann wohl auch die Verluste dieser Spezialbereiche, auf das Konto Werbung verbuchen müssen.

Da eigentlich soviel gegen eine Paperweight-Herstellung spricht, wird es auch verständlicher, warum es bis zur Schließung von Whitefriars auf der ganzen Welt nur drei Glashütten gab, die wirklich echte, in klassischer Manier gefertigte Millefiori-Paperweights in ihrem Verkaufsprogramm hatten. Jetzt sind es weltweit nur noch zwei: die bekannten Franzosen, Baccarat und Saint Louis. Als man erste Andeutungen Mitte 1980 vernahm, kaufte der amerikanische Importeur sofort alles auf, was noch zu erhalten war, da verständlicherweise eine verstärkte Nachfrage zu erwarten war. Doch da ja Whitefriars sowieso schon ständig mit der Paperweight-Herstellung aufgrund des einerseits aufwendigen Prozesses und andererseits wegen der großen Nachfrage im Lieferrückstand lag, war hier jedoch kein echter Lagerbestand vorrätig. Was zusammengesucht werden konnte an noch vorhandenen Paperweights, wird sich zeigen, wenn diese in den Geschäften auftauchen. Somit werden möglicherweise leider nun auch nicht so perfekt gelungene Whitefriars-Paperweights im Handel erscheinen. Aber auch diese werden ganz bestimmt ihre Liebhaber finden, da sie in Zukunft weder in schlechter, noch in bester Qualität zu haben sein werden. Irgendwann einmal werden immer wieder Sammler entdecken, daß ihnen Whitefriars-Paperweights in der Sammlung fehlen.

Whitefriars hat es leider nie verstanden, seine Auflagen so richtig für den Sammler interessant zu machen. Sie hatten zwar die allergrößte Perfektion in der Ausführung von Millefiori-Paperweights, und darauf waren sie auch ausschließlich spezialisiert; auch preislich lagen sie nie sehr hoch, da schon für 300,– DM bis 500,– DM sehr schöne Stücke angeboten wurden, doch hatte man zum Beispiel nie etwas von einer Limitierung wissen wollen. Für den Sammler erschienen die jährlichen Auflagen immer unendlich hoch – das ganze Gegenteil war jedoch der Fall. Dem Eingeweihten sind Modelle mit extrem niedriger Auflage bekannt geworden, von denen vielleicht nicht einmal 100 Stück hergestellt wurden, manchmal sogar nur 20 von einem Modell. Dies wird sofort verständlich, wenn man sich mit der ungeheuren Vielfalt der unterschiedlichen Motive befaßt. Wenn bei einer Jahresproduktion von angenommen nur 5000 bis 6000 Paperweights insgesamt 40 oder zeitweilig sogar 50 verschiedene Modelle existieren, so ist leicht zu errechnen, daß im Durchschnitt pro Modell 100 bis 150 Stück erschienen sind. Dabei gibt es aber Modelle, von denen garantiert 1000 Stück hergestellt wurden (Jubiläumsstücke und Weihnachtsausgaben) und solche von 500 bis 800 Stück, so daß es eben mathematisch gesehen auch solche geben muß, die nur zu 100 oder 50 Stück das Werk aufgrund geringerer Nachfrage verließen.

Hatte man manchmal beim Absatz von 1000 limitierten und numerierten Sonderstücken, wie zum Beispiel anläßlich des Weihnachtsfestes, Schwierigkeiten, so gab es andererseits auch Modelle, die nicht zahlreich genug hergestellt werden konnten, wo man aber schon keine 10 Stück aufgrund zu großer Kompliziertheit ausliefern konnte.

Ja, es ist eine herrliche Geschichte, in der Vergangenheit der Whitefriars-Paperweights zu blättern. – Aber, es bleibt eben nur Geschichte.

Sicherlich haben geschäftstüchtige Manager aus ehemals konkurrierender

Einfache Millefiori-
Canes, in Kreisen gelegt

Gedrehte Lace-Canes,
sternförmig in Mille-
fiori-Canes gelegt

Millefiori-Girlande

Millefiori-Bouquet

Millefiori-Canes

›Streublümchen‹ auf
grünem oder blauem
Untergrund

Schmetterling-Silhouet-
ten-Cane, im Zentrum
umgeben von Mille-
fiori-Canes

Große Silhouette,
Schmetterling, gelegt
aus Millefiori-Canes

*100 Whitefriars-Motive: Große Abwechslung bei der Motivgestaltung durch unterschiedliches Arrangieren von Millefiori-Canes*

▶ *101 Schliffmuster und Originalcodenummern der Modelle Whitefriars Millefiori-Paperweights sind vollständig aus Bleikristall gefertigt. Jeder Paperweight enthält ein blaues Cane, das den stilisierten weißen Whitefriars-Mönch und das Jahr der Herstellung zeigt. Die Muster sind alle individuell von Hand gelegt, so daß jeder Paperweight ein Unikat ist.*

Glasindustrie den weltweit gut bekannten Namen ›Whitefriars‹ bestimmt und auch das Markenzeichen aufgekauft, so daß eines Tages wieder Produkte unter dem alten Namen auftauchen können. Doch wird man sehen, mit welchem Erfolg es gelingen wird, an die jahrhundertalte Tradition, an die über Generationen vererbte Erfahrung des Hauses Whitefriars anzuknüpfen.

Größte Schwierigkeiten wird man dabei zu überwinden haben, wenn man unbescheidenerweise beabsichtigen wollte, die Tradition der Whitefriars-Paper-

P1
Rund, nicht
angeschliffen

P17
Schmaler Stern-
schliff Lace Twist

P31
Random
Einfache
Millefiori-Canes

P2
Fensterschliff

P18
Große Facetten

P32
Ovalfensterschliff
(Oliven) Random
Multi-Canes

P3
Diamantschliff

P19
Große Facetten,
kombiniert mit
Kerbschliffen am
Boden/Lace Twist

P33
Große
Kerbschliffe

P5
Langfensterschliff

P20
Großer Stern-
schliff Lace Twist

P34

P9
Fenster- und
Kerbschliffe

P21
Doppelter
Fensterschliff
Lace Twist

P35
Corona – Lace-
Twist/LaceTwist
LB/G

P10
Facettenschliff

P25
Variation
Fensterschliff

P36
Corona
DB/LB/G

P11
Kleiner Stern-
schliff

P26
Fensterschliff,
kombiniert mit
kleinem Kugel-
schliff

P37
Miniatur-
Lace-Twist

P14
Miniatur-
Fensterschliff

P27
Fenster- und
Kerbschliff

P38
Windrad
DB/LB/G

P16
Fensterschliff
Lace Twist

P30
Sockelpaper-
weight mit
Fensterschliff

P39
Großer Sockel-
paperweight mit
Fensterschliff

*Farben des Untergrundes: DB = Dunkelblau / LB = Hellblau / G = Grün*
*Fensterschliff = große Kugeleinschliffe oder große Oliveneinschlüsse*

P40
Bunte ›Candy
Twist‹

PG106
Millefiori-Canes
Osterglocken –
Narzissen
LB/DB/G

PB301
Bouquet
DB/LB/G

P41
Bunte ›Candy
Twist‹
DB/LB/G

PS200
Fisch-Silhouette in
Millefiori-Canes

PB302
Stern
DB/LB/G

PG100
Nicht ange-
schliffene Girlande
DB/LB/G

PS201
Schmetterlings-
Silhouette in
Millefiori-Canes

PR401
Streublümchen auf
hellblauem und
grünem Grund

PG101
Angeschliffene
Girlande
DB/LB/G

PS202
Kleine Schmetter-
linge mit Lace
Twist

PR402
Streublümchen auf
dunkelblauem
Grund

PG102
Girlande –
unsortiert
DB/LB/G

PS203
Eule

PA500
Große Silhouette
farfalla-›
Schmetterling‹
DB/LB/G

PG103
Girlande –
unsortiert,
angeschliffen
DB/LB/G

PS204
Rotkehlchen

PA600
Große Silhouette
›Hummel‹
DB/LB/G

PG104
›Posy‹
DB/LB/G

PS207
Esel

PA601
Große Silhouette
›Eule am
Nachthimmel‹
DB/LB/G

PG105 Miniatur
Girlanden-
Paperweight
Fensterschliff
DB/LB/G

PB300
Bouquet aus
Millefiori-Canes
LB/DB/G

102 *Unterschiedliche Farben des Untergrundes:*
*DB = Dunkelblau / LB = Hellblau / G = Grün*
*Kleine Silhouetten-Canes sind immer Multi-Canes*

*103 Whitefriars:*
*Geschliffene Kristall-Keraffen mit Millefiori-Stöpsel*
*Tintenflasche mit Millefiori-Canes im Boden und Stöpsel*
*Schalen mit Millefiori-Canes im Boden, glatt und geschliffen*

weights fortzusetzen. Hier galt es wohl in aller erster Linie für den Namensaufkäufer, das erfahrene Stammpersonal an Glasbläsern und Glasmachern für sich zu gewinnen und zu behalten. Ob dies gelungen ist, wird die Zukunft zeigen.

Der Sammler kann nur hoffen, daß es den beiden anderen am Markt verbliebenen klassischen Paperweight-Produzenten noch recht lange gelingt, erfolgreich zu agieren.

# Bacchus und andere

Im frühen 19. Jahrhundert war Birmingham ein bedeutendes Zentrum der Glasherstellung. Zu den Firmen von damals gehörte Bacchus, Green and Green von den Union Glass Works. Der Name der Firma änderte sich 1833 in George Bacchus & Co., Bacchus mit den Partnern George Joseph Green und William Gammon, der vorher ein eigenes Unternehmen betrieben hatte. 1840 starb George Bacchus, und sein Sohn John Bacchus übernahm die Leitung. Im Jahr darauf wurde die Gesellschaft in ›George Bacchus & Sons‹ umbenannt, was man 1858 zu ›Bacchus & Sons‹ zusammenzog. Zwei Jahre später ging die Firma in das Unternehmen ›Stone, Fawdry & Stone‹ auf.

Ursprünglich produzierte Bacchus Haushalts-Glaswaren und Flachglas. Nach 1845 begann man, in Luxus-Glaswaren nach venezianischer Art zu experimentieren, und um 1848 gab es auch Paperweights. Unter dem Titel ›Glass Paper Weights‹ erschien im ›Art Union Monthly Journal of the Arts‹ (1849) ein interessanter Kommentar: ›Die Einführung dieser kunstvollen und hübschen Schmuckstücke aus Böhmen hat einige unserer Glashersteller bewogen, ihre Aufmerksamkeit der Produktion ähnlicher Objekte zuzuwenden. Wir haben eine große Zahl heimatlicher Erzeugnisse gesehen, die an Schönheit und Vielfalt der Farben den besten Importen ebenbürtig sind; im Entwurf sind sie ihnen sogar überlegen. Mr. Bacchus, ein hervorragender Glasfabrikant in Birmingham, hat ein paar hervorgebracht, deren Neuheit und Eleganz besondere Beachtung verdienen.‹

In jenem Jahr beteiligte sich Bacchus an der ›Exhibition of Manufacturs and Art‹ in Birmingham und stellte unter der Kollektion von mehr als 100 verschiedenen Artikeln auch ›letter weights‹ (Briefbeschwerer) aus. Obwohl diese Stücke nur eine Seitenlinie der Haupttätigkeit des Unternehmens vertraten, fielen sie scharfsichtigen, zeitgenössischen Autoren ins Auge. Das ›Journal of Design and Manufactures‹ (1849) stellt in bezug auf Paperweights von Bacchus fest: ›... die Proben ihrer Arbeit, die wir jüngst gesehen haben, sind an Transparenz, Farbe, geschickter Anordnung der Einzelteile und Kunst der Ausführung ganz ebenbürtig den ausländischen Erzeugnissen, mit denen Papier- und Luxusgeschäfte seit jeher so vollgestopft sind.‹

Zwei Jahre später gewann Bacchus für sein Glas auf der Weltausstellung eine Medaille, wird allerdings in der Liste der Paperweights nicht erwähnt. Man weiß von dieser Fabrik allgemein und von ihren Erzeugnissen im besonderen zuwenig, um genau feststellen zu können, wann man dort aufhörte, Paperweights zu machen, aber wahrscheinlich ging dieser Anteil an den Geschäften der Firma nach 1850 rasch zurück. Vielleicht waren die Produkte von Baccarat, Saint Louis und Clichy um diese Zeit zu gut eingeführt, als daß Bacchus erfolgreich mit ihnen hätte konkurrieren können. Jedenfalls nimmt man an, daß Bac-

*104 Konzentrisches Millefiori von*
*Bacchus, Birmingham, 9 cm*

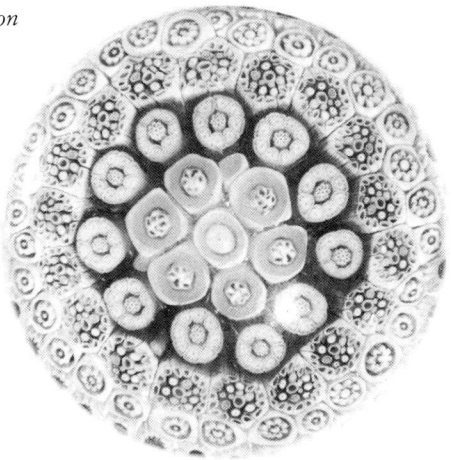

chus nicht mehr als vierhundert Beschwerer hergestellt hat. Sie sind jetzt so rar,
daß selbst in ihrem Heimatland kaum eine Handvoll jährlich durch die Auk-
tionsräume wandert. Zweifellos gibt es Haushalte in England, besonders in
Birmingham und den Midlands, wo Bacchus-Paperweights unbeachtet und
unerkannt schlummern, weil diese Firma in der Literatur über Paperweights
merkwürdig wenig Erwähnung fand.
Die meisten Bacchus-Paperweights sind groß und haben einen Durchmesser
von mehr als 7,6 cm. Im Profil sind sie nicht besonders hoch gewölbt, haben
aber seitlich eine betonte Kurve, die in einer Basis endet, deren Durchmesser
beträchtlich geringer ist als der größte Umfang. Ein Charakteristikum von
Bacchus-Paperweights ist das verhältnismäßig hohe Kissen, auf das die Canes
gesetzt sind. Es wirkt, als sei es unterschnitten und die Canes, am Rand scharf,
fast bis zur Mitte der Basis daruntergezogen. Die große Mehrzahl der Bacchus-Paperweights war konzentrisch, und auch hier gilt die seltsame Höhlung
des äußeren Rings zur Mitte der Basis als Merkmal von Bacchus. Die konzentrischen Paperweights haben meist fünf Kreise von Canes, von denen einer
oder mehrere aus ziemlich großen besteht. Im Zentrum ist entweder ein Büschel von fünf oder sechs kleinen Blümchen oder ein großes Blumen-Cane.
Viele Paperweights haben über den Canes eine flache Lufttasche, die einen sil-
brigen Effekt bewirkt. Die Farben der Bacchus-Paperweights sind meist durch
einen ganz dünnen Film von opakem Weiß gedämpft, was gelegentlich zu kritischen Äußerungen führte, die Farben von Bacchus seien bleich, verglichen mit
denen anderer englischer Glashütten. Aber das scheint eine absichtliche Ma-
rotte der Firma gewesen zu sein und wirkt überdies durchaus attraktiv. Die
Qualität der Bacchus-Paperweights ist schwankend. Etwa ein Viertel von ih-

nen sind dürftig komponiert und behandelt, aber der Durchschnitt kann sich mit den Erzeugnissen von Whitefriars in der vergleichbaren Periode messen, und die Besten sind so gut wie alles, was in Frankreich in den Jahren 1840/50 gemacht wurde.

Bacchus produzierte auch ein paar gemusterte Millefiori-Paperweights auf einem opak-weißen Grund, den J. P. Boore passend mit aufgeweichtem Schnee vergleicht, weil die Canes dazu neigen, in ihre etwas verschwommene Umgebung einzusinken. Die Muster dieser Paperweights bestehen meist aus Bündeln von fünf oder sechs um ein kleines, zentrales Cane, regelmäßig auf dem Grund verteilt, oder in kleinen Bündeln rund um ein einzelnes großes Blümchen, das seinerseits von einem Kranz winziger Blümchen umgeben ist. Ein weiterer seltener Bacchus-Typ war der große Pilz mit über 10 cm Durchmesser und einem konzentrischen Schopf, umgeben von Torsades aus flachen Spiralen und Latticinio. Auch zwei oder drei Korb-Paperweights mit Überfang aus klarem Glas sind bekannt; außerdem ein paar umschlossene Overlay-Paperweights, ähnlich denen von Saint Louis. Hollister stellt einen einzigen gesockelten Paperweight von Bacchus fest, facettiert und konzentrisch mit grünen, rosa und blaßblauen Canes in einem opak-weißen Korb arrangiert.

Es wäre verwunderlich, hätte Bacchus keine anderen Gegenstände mit Millefiori-Dekoration hergestellt, aber von einem Paar Toiletten-Flaschen abgesehen hat man verwandte Millefiori-Objekte bisher nicht mit dieser Fabrik in Zusammenhang gebracht. Über Bacchus und seine Produkte gibt es noch viel zu erforschen, vielleicht tauchen dann auch noch solche Gegenstände auf.

# Islington

Das ›Art Journal‹ vom Februar 1849, eine Fundgrube von Informationen, enthält eine faszinierende Notiz: ›Mit großem Interesse haben wir ein paar Stücke von gefärbtem, mit Fäden durchzogenem und graviertem Glas besichtigt, Erzeugnisse der Islington Glass Works, Birmingham, die ebenso leuchtende Farben und ebenso kunstvolle Muster aufweisen, wie man sie jemals an den böhmischen Produkten gesehen hat. Zu den Gegenständen, die wir gesehen haben, gehörten zusammengesetzte ›millefleur‹-Paperweights, gefärbte und gravierte Kelche, Karaffen und Glasplatten ›der schönsten Art in Grün und Silber, als Fingerschalen und für ähnliche Zwecke bearbeitet. Insgesamt waren diese Stücke, wenn überhaupt, den ausgesuchtesten Erzeugnissen des Kontinents kaum unterlegen.‹

Die erwähnten Islington Glass Works existierten fast das ganze 19. Jahrhundert hindurch unter verschiedener Leitung und wechselndem Namen in Birmingham. Einen großen Teil dieser Zeit hatte Rice Harris die Leitung, der von

1822 bis 1834 Partner von William Gammon war, der seinerseits später Teilhaber von Bacchus wurde. Um 1839 übernahm Rice Harris die Oberleitung von Islington, und er und sein Sohn führten in den zwanzig Jahren danach persönlich die Aufsicht über die Firma. Rice Harris beteiligte sich 1949 an der Ausstellung in Birmingham und an der Weltausstellung von 1851. Allerdings erscheinen Paperweights in beiden Katalogen nicht unter den Erzeugnissen der Glashütte. Abgesehen von dem faszinierendem Hinweis im ›Art Journal‹ auf ›compound millefleur‹ (zusammengesetztes Millefiori) läßt sich die Herstellung von Paperweights einzig und allein durch zwei Exemplare mit weißen Canes mit den Initialen ›IGW‹ nachweisen. Aus der Vielfalt der Canes, einschließlich der Pferde-Silhouetten und dem Umstand, daß der eine dichtes Millefiori zeigt, der andere verstreutes Millefiori auf Musselin-Grund, kann man schließen, daß Islington auf diesem Gebiet ein hohes Maß an Können und Vielseitigkeit erreicht hat. Je mehr Sammler auf die Existenz dieser Firma aufmerksam werden, desto größer wird die Wahrscheinlichkeit, daß noch mehr Islington-Paperweights auftauchen. Nachdem sich das Interesse für Paperweights gegenwärtig wieder belebt, steht zu hoffen, daß mehr Informationen und Beispiele für die Arbeit von Islington zugänglich werden.

# Kilner – Bottleweights

Typisch insbesondere für englische Glashütten war ein Paperweight aus grünem Flaschenglas, ziemlich hoch gewölbt und mit der Darstellung einer Blume oder Pflanze in einem Topf im Innern, Laub und Blütenblätter mit Massen winziger silbriger Bläschen bedeckt. Die Form wurde erreicht, indem man Kalkstaub auf den ›marver‹ (die Basis, auf der der Paperweight aufgebaut wurde) streute und darüber eine Masse aus weichem, grünem Glas preßte. Eine zweite Schicht aus geschmolzenem Flaschenglas wurde dann aufgebracht und der Kalk damit eingeschlossen. Durch die Hitze entwickelten sich Gasbläschen, die diesen Paperweights die silbrige, märchenhafte Wirkung gaben, wenn man sie gegen das Licht hielt. Nur wenige dieser ›Flaschenglas‹-Paperweights tragen ein Kennzeichen. Sie scheinen in ganz England zu der Zeit, als Flaschen noch weitgehend mit der Hand gemacht wurden, als eine Art Feierabend-Beschäftigung entstanden zu sein. Als die maschinelle Herstellung von Flaschen begann, hörte die Produktion von grünen Paperweights auf. Eine Zeitlang waren sie so häufig, daß Sammler sich nicht für sie interessierten, aber heute begegnet man ihnen selten, und ernsthafte, aufmerksame Sammler schätzen sie wieder höher ein. Es lohnt sich daher, auf die Jagd durch Schubladen und den sprichwörtlichen Dachboden zu gehen, wohin sie vielleicht vor langer Zeit verbannt wurden. Sehr große Stücke mit einem Gewicht bis zu sechs

*105 Aufrechtstehender Paperweight aus grünem Flaschenglas von Kilner, mit Blumentopf, einer großen und drei kleinen Blumen*

▶

*106/107 Zwei sogenannte Stourbridge-Paperweights mit Latticino- und Millefiori-Canes, Mitte 19. Jh.*

Pfund waren nicht als Briefbeschwerer gedacht, sondern als Türstopper. Viele von ihnen haben kein florales Motiv, sondern einfach verstreute Bläschen, ob zufällig oder absichtlich. Ein paar haben aufrechtstehende Sulphides, meist von dürftiger und derber Qualität. Diese Sulphide-Paperweights stammen meist aus der Gegend von Birmingham, in Kapitel 2 sind sie bereits erwähnt. Obwohl diese großen, grünen Paperweights in ganz England gemacht wurden, bringt man sie besonders mit dem West Riding von Yorkshire in Verbindung, und hier sind sie wahrscheinlich auch entstanden. Wakefield war im 19. Jahrhundert ein wichtiges Zentrum der Flaschenglas-Industrie. Es ist bezeichnend, daß die wenigen, signierten Paperweights, die erfaßt sind, den Stempel von J. Tower oder J. Kilner tragen, die beide in dieser Stadt Glashütten betrieben. John Kilners Name ist in die englische Sprache als Bezeichnung für ein bestimmtes Haushalts-Vorratsgefäß eingegangen. Der traditionelle ›kilner jar‹, der heute noch in Küchen überall auf der Welt in großer Zahl gute Dienste leistet, hatte eine ähnliche, ausgesprochen grünliche Färbung wie die alten Glasflaschen, die von den Industrie-Archäologen von heute fortgesetzt auf Baustellen und alten Müllkippen ausgegraben werden. Kilners Erfolg beruhte weitgehend auf seiner Produktion von Flaschen aus herkömmlichem, dunkelgrünem Glas, und dieses Material diente auch als Grundlage der Paperweights, die man seiner Fabrik zuschreibt. Sie wurden zwar von den Glasmachern hauptsächlich

aus dem Glas gemacht, das am Feierabend übrig blieb, es scheint aber sicher, daß Kilner Paperweights als wichtiges Nebenprodukt ansah, wie die ziemlich große Zahl von Kilner-Paperweights beweist, die seine Inschrift tragen. Die Inschrift änderte sich immer wieder, entsprechend dem Wechsel des Firmennamens, und das ist eine praktische Hilfe bei der Datierung dieser Paperweights. Der Stempel erscheint auf einer dünnen Glas-Oblate, die dem Boden des Paperweights wie ein Siegel aufgedrückt wird. 1829 gründete John Kilner eine Glashütte in Whitwood Mere, Yorkshire. Zu dieser Periode gehören also die Paperweights mit der Signatur ›J. Kilner, Maker‹. Ein paar Jahre später zog er nach Dewsbury bei Wakefield und nahm seine Söhne als Partner auf. Mit ›J. Kilner & Sons‹ beschriftete Exemplare stammen deshalb aus der Zeit gegen 1830 bis 1844. Dann änderte die Gesellschaft ihren Namen in ›Kilner Brothers‹, mit welchem nunmehr die Paperweights beschriftet werden. Die Herstellung der grünen Paperweights ging sporadisch bis 1920/30 weiter, also über einen Zeitraum von etwa einem Jahrhundert, und natürlich änderten sich Qualität und Aussehen der Paperweights während dieser Zeit beträchtlich. Ein paar Kilner-Paperweights haben zwar die typisch abgeflachte Kugelform klassischer Paperweights, aber viele sind ziemlich hoch, bis zu 20 cm, mit spitz zulaufender Kuppel. Andere haben eine ziemlich große, gerundete Kuppel, die sich zu einer Basis mit viel kleinerem Durchmesser verjüngt. Gesockelte Füße kommen vor, aber meist findet man eine flache, leicht konkave Basis. Zwischen den signierten Paperweights, die die Firma planmäßig herstellte, und der unsignierten Feierabend-Ware, die die Glasmacher zu ihrem Vergnügen machten, ist kein erkennbarer Unterschied. Zu den Feierabend-Stücken gehören wahrscheinlich auch die ›Merry Christmas‹ oder ›A Happy New Year‹ beschrifteten, von denen man annimmt, daß sie von einzelnen Handwerkern als Geschenke für Freunde und Verwandte gedacht waren.

Die Flaschenglas-Paperweights von Yorkshire sind eine ziemlich vernachlässigte Form der Volkskunst. Die Sulphide-Paperweights mit den primitiven Büsten der großen Antagonisten des 19. Jahrhunderts, Disraeli und Gladstone, oder mit den patriotischen Sentimentalitäten zur Feier der Jubiläen von Queen Victoria oder der Krönung von King Edward VII. haben etwas Drolliges und Naives, das heutigen Sammlern unwiderstehlich erscheint. Die großen Exemplare, die als Türstopper verwendet wurden, findet man aufgrund des rohen Gebrauchs, dem sie ausgesetzt waren, selten in gutem Zustand. Aber selbst die kleineren findet man immer seltener unbeschädigt, was auf ihre rücksichtslose Behandlung schließen läßt. Alltagsgebrauch führt zur Geringschätzung, denn man hat mehrfach erfahren, daß solche Paperweights als Ornament auf Gartenwegen oder in Steingärten verwendet wurden! Ein paar haben runde, gebohrte Löcher in ihrer Basis, wurden also als Knäufe auf Bett- oder Geländerpfosten verwendet.

In den Jahren 1930/40 wurde die Firma Kilner vom Glass Trust übernommen und ihre Produktion in der Folge strikt auf Haushaltswaren beschränkt. Bei dem gegenwärtig steigenden Interesse an Paperweights erscheint es merkwürdig, daß der traditionelle, flaschengrüne Paperweight nicht in seiner klassischen Form wiedererstanden ist. Allerdings wird, wie wir später in diesem Kapitel feststellen werden, etwas Verwandtes von Wedgwood hergestellt.

## Bemalte und Pinchbeck-Paperweights

Über die Paperweights mit geformtem Gipsgrund, der mit einer Art Porträt-Miniatur bemalt ist, weiß man bisher äußerst wenig. Als Gruppe sind sie nicht sehr zahlreich, und wenn sie (verglichen mit Millefiori-Paperweights) nicht so ohne Kunstfertigkeit gemacht wären, müßten sie viel höhere Preise bringen. Die junge Queen Victoria und der alternde Duke of Wellington waren beliebte Modelle für diese bemalten Paperweights, was auf ihre Herstellung in den Jahren gegen 1840 und Anfang 1850 verweist. Auch undefinierbare Landschaften und Jagdszenen waren beliebt, und ein beträchtlicher Teil dieser Paperweights zeigt klassische Motive oder biblische Themen. Man hat nie versucht, diese Paperweights einer bestimmten Glashütte zuzuschreiben. Es ist unwahrscheinlich, daß nach so langer Zwischenzeit noch viel konkrete Information über ihre Vorläufer herauskommt.

Dasselbe läßt sich über die sogenannten ›Pinchbeck-Weights‹ sagen. Christopher Pinchbeck (1670–1732) entdeckte die Legierung von Kupfer und Zink (Messing), die wie Gold aussah. Sein Name ging als Synonym für alles Billige, Kitschige und Imitierte in die englische Sprache ein, aber hier zumindest bedeutet ›Pinchbeck‹ soviel wie ›kostbar‹, wie Evangeline Bergstrom in einem

Artikel über diese faszinierenden Paperweights schreibt, der im ›American Collector‹ 1945 erschien. Diese Bezeichnung gilt für eine große Auswahl an Paperweights mit einem Metall-Relief oder einer Basis aus Zinn, Kupfer, Marmor, Alabaster oder einem anderen Material. Die vergrößernde Glaskuppel ist dem Paperweight auf die übliche Weise aufgesetzt. Pinchbeck-Paperweights haben eine stärkere, dreidimensionale Wirkung als die der Sulphides. Umgekehrt wirken viele Sulphides, als seien sie aus Silber, aber dieser Effekt entsteht durch die Brechung des Lichts auf der Oberfläche des Sulphides. Pinchbeck-Paperweights sind zwar von Sammlern als zweitrangig gegenüber den Millefiori-Paperweights vernachlässigt und mißachtet worden, können aber jeder kritischen Prüfung standhalten, und die Feinheit ihrer Komposition läßt vermuten, daß sie geplante und seriöse Produkte von Herstellern sind, vielleicht am Rand der auf Schmuck und schöne Kunstgegenstände spezialisierten Industrie. Von Queen Victoria abgesehen, deren Porträt in der Mitte des 19. Jahrhunderts überall auftaucht, sind die Motive dieser Pinchbeck-Paperweights meist undefinierbar. Die meisten bevorzugen zeit- und klassenlose Szenen aus dem Familienleben und häusliche Tätigkeiten, auch biblische und mythologische Vignetten, wie die bemalten Paperweights. Mrs. Bergstrom berichtet von einem Pinchbeck-Paperweight mit einem Löwen, der zwei Pferde an einer Wasserstelle angreift, und der Beschriftung ›G. & S. Lobmeyer, Wien‹, was darauf hinweist, daß zumindest ein paar dieser Pinchbeck-Paperweights nicht nur in England, sondern auch auf dem Kontinent hergestellt wurden. Eigentlich sollte der Umstand, daß man keine englische Glashütte, auch nicht durch Überlieferung, als Hersteller von Pinchbeck-Paperweights bezeichnet hat, die zuversichtliche Zuschreibung dieser Beschwerer an England untergraben. Die Firma ›J. & L. Lobmeyer‹ gehörte früher zu den bedeutendsten, selbständigen Glaslieferanten aus Böhmen, und das oben erwähnte Unternehmen war eine Wiener Filiale. Nachdem Böhmen 1918 von Österreich unabhängig geworden war, entwickelte sich ›J. & L. Lobmeyer‹ zur führenden österreichischen Glaswarenfabrik, aber obwohl zu ihren Erzeugnissen manches vom feinst-gravierten und emaillierten Glas der Produktion dieses Jahrhunderts gehörte, haben Paperweights in diesem ausgedehnten Repertoire keine Rolle gespielt. Vorläufig jedenfalls werden Sammler Pinchbeck-Paperweights weiterhin als englisches Phänomen betrachten.

# Andere Glas-Paperweights des 19. Jahrhunderts

Während man sich in den meisten Ländern nur auf Millefiori-Paperweights konzentrierte und gelegentlich Ausflüge auf das Gebiet der Frucht- und Blumen-Paperweights und Sulphides unternahm, scheinen englische Hersteller die größte Mannigfaltigkeit, vielleicht sogar den größten Einfallsreichtum in der Skala der Paperweight-Produktion bewiesen zu haben. Leider waren die meisten nur für den Massenhandel bestimmt. Es waren billige, kitschige Spielereien, für die sich die Sammler erst jetzt zu interessieren beginnen, weitgehend wegen ihres Alters und ihrer Kuriosität. Unter den interessanteren und besser gemachten Paperweights in dieser Kategorie werden vielleicht die sogenannten Hohl-Paperweights (hollow weights) so hoch eingeschätzt wie die Flaschenglas-Paperweights, wenn nicht höher. Sie bestehen aus einem Hohlraum, der einen ziemlich flachen Boden mit einer eingepreßten Kamee oder mit Intaglio-Muster aus klarem oder gefärbtem Glas einschließt. Der Zwischenraum zwischen dem Boden und dem Überzug hat oft einen Silber-Effekt, der recht hübsch wirkt. Weil diese Paperweights erst jetzt bei Sammlern Beachtung finden, weiß man noch nichts über ihre Herkunft, allerdings sind Stevens & Williams, Richardson und Webb, alle Glashersteller in der Gegend von Stourbridge, unter Vorbehalt als mögliche Produzenten solcher Paperweights genannt worden.

Charles Colné's Bericht von 1878 erwähnt die Londoner Firma James Green als Produzenten von Paperweights aus geschliffenem oder graviertem Glas, aber der Hinweis ist zu vage, um als Grundlage für die tatsächliche Zuschreibung von Paperweights dieser Firma zu gelten.

Von den im 2. Kapitel erwähnten Sulphides abgesehen, hat man Kameen aus klarem Glas in Globen mit abgeflachter Basis in Verbindung mit der Feier der Diamanthochzeit von Queen Victoria im Jahr 1897 registriert, aber von ihren Vorläufern weiß man nichts.

▶

*Tafel XI:*
*Beispiele modernster Selkirk-Paperweights aus Schottland:*
*Abb. 108 ›Olympus‹, Farbenspiel mit eingestochenen Luftblasen;*
*109 Marbrie-Paperweight mit Millefiori-Cane im Zentrum;*
*110 ›Northern Lights‹, bunte Glasfäden über weißem Grund;*
*111 ›Gemini‹, buntes Millefiori-Cane über Luftblasenpolster;*
*112 ›Aquarius‹, phantasievolle eingestochene Luftblasen;*
*Sockelpaperweight; 113 Dreidimensionaler Primelblumenstrauß, Lampenarbeit*

108

109

110

111

112

113

114

115

116

117

118

Tafel XII:
Beispiele moderner Lampwork-Paperweights,
Amerika, 1980
Abb. 114 Erdbeeren mit Blüte, Del Tarsitano; 115 Roter Mohn, Debbie Tarsitano;
116 Pfirsiche am Zweig, Del Tarsitano;
117 Blüten-Bouquet, Debbie Tarsitano;
118 Blaue Dahlie mit Millefiori-Canes, Paul
Ysart, Debbie Tarsitano
(alle farfalla)

Dann gibt es noch Exemplare in Rechteckform mit abgerundeten Ecken, die um 1900 bei den Touristen Gefallen fanden.

Für den Liebhaber von Paperweights der klassischen Tradition sind diese Objekte ein Greuel, aber als ein weiteres Beispiel für viktorianischen Nippes sind sie in den letzten Jahren zum Status der Sammelwürdigkeit aufgestiegen. Allein aus diesem Grund hat man sie gesammelt, und heute bringen sie Preise, die höher liegen als die von vielen modernen, ästhetisch unendlich reizvolleren Paperweights. Sie enthalten ein Abziehbild, manchmal nach einem Stich, aber meist nach einem kolorierten Sepiadruck hergestellt, das auf die Basis montiert und von einem Rechteck aus klarem Glas bedeckt wurde. Das Bild wurde dadurch vergrößert, aber nicht so stark wie bei den klassischen, gewölbten Paperweights. Diesen Paperweights, in jedem Stadium ihrer Herstellung maschinell gefertigt, fehlen die anziehenden Eigenschaften der flaschengrünen Paperweights und das Kunstvolle der Millefiori-Arbeiten. Als Mementos jener versunkenen Zeit vor dem Ersten Weltkrieg lassen sie eine gewisse Nostalgie anklingen und sind ebenso wert, gesammelt und aufbewahrt zu werden wie analoge Objekte, z. B. Ansichtskarten und Schildchen von Streichholzschachteln.

Alum Bay am Westrand der Isle of Wight ist seit jeher berühmt für die seltsamen Formationen seiner Klippen und den vielfarbigen Sand, den man unten am Strand findet. Seit der Mitte des 19. Jahrhunderts haben Touristen Alum Bay besucht, um Steinchen und Sand in allen möglichen Farbschattierungen zu sammeln. So entstand eine Industrie, die bis heute blüht und Souvenirs herstellt, in denen der bunte Sand eingeschlossen ist. Meist sind sie in Form von Sandbildern und Glasgegenständen, in denen Schichten von verschiedenfarbigem Sand eingeschlossen sind. Zu diesen Gegenständen gehörten natürlich auch Paperweights. Viele sind schlichte Halbkugeln nach herkömmlicher Paperweight-Art, aber ein paar der kunstvolleren sind turmförmig und haben im Innern eine lokale, schöne Aussicht oder eine Sehenswürdigkeit wie die Needles oder Carisbrooke Castle. Die Briefbeschwerer von Alum Bay wurden hauptsächlich zwischen 1880 und 1914 hergestellt, aber in den letzten Jahren interessiert man sich wieder für sie.

# Wedgwood

King's Lynn in Norfolk war bereits im 17. Jahrhundert ein Zentrum der Glasfabrikation; seine Spezialität war ein bestimmter Typ von Trinkgläsern mit horizontalen Rillen. Dann begann im 19. Jahrhundert der Niedergang des Gewerbes, und in den Jahren nach 1890 war es ausgestorben. 1967 beschloß ›Wedgwood and Sons‹, die Töpferei in Staffordshire, sich auf Glaswaren zu

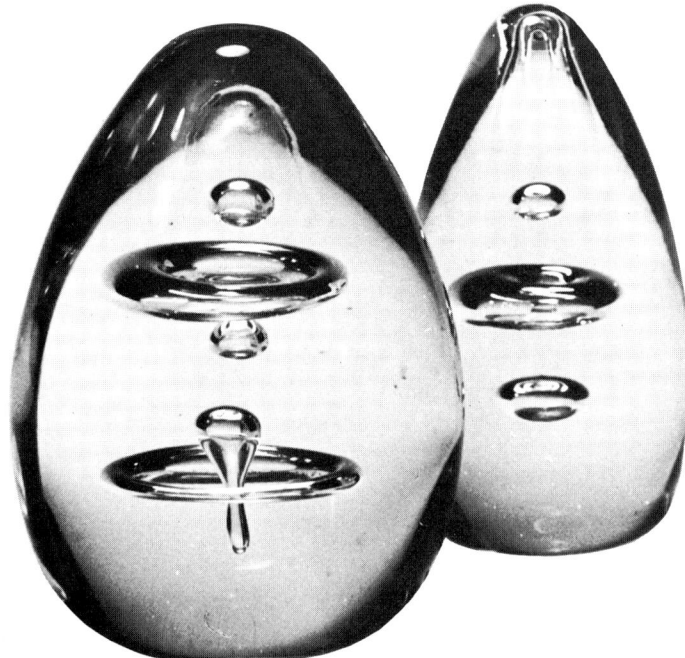

verlegen und wählte King's Lynn als Sitz des Unternehmens. Ronald Stenett-Wilson, Leiter der Glasgewerbe-Abteilung am ›Royal College of Art‹ in
London, wurde zum Generaldirektor von ›King's Lynn Glass Ltd.‹ ernannt,
und man ließ Glasbläser aus Schweden, Österreich, Deutschland und ebenso
aus England kommen. Nicht verwunderlich also, daß die Erzeugnisse dieser
Fabrik eine starke Verwandtschaft mit modernen, skandinavischen Entwürfen
aufweisen. Außer Geschirr, wie Gläser, Pokale, Karaffen und Schalen, hat sich
King's Lynn Glass zeitweilig dem Gebiet der Paperweights zugewandt. Zum
größten Teil sind diese sogenannten Briefbeschwerer aber nur einfache, oftmals auch abstrakte Tierdarstellungen, also keine echten Paperweights.

## Andere moderne englische Paperweights

Zwar ließ sich keine Tradition der Paperweight-Herstellung in Stourbridge für
das 19. Jahrhundert nachweisen, aber zumindest eine Firma in dieser Gegend
hat in den letzten Jahren die Manufaktur von Paperweights aufgenommen.
Webb Corbett hat neuerdings mit großen Türstoppern in farblosem, klarem
Glas experimentiert, bei denen überall verstreute Bläschen einen spiralig ge-

färbten Glaskäfig einschließen, in dem eine große Blase eingefangen ist. Die Wirkung ist ungewöhnlich und sehr hübsch. Mehrere Firmen und einzelne Glasmacher haben angefangen, mit scheinbar echten, in Glas eingeschlossenen Blumen zu experimentieren (Lampenarbeit). Rosabelle stellt herkömmliche Paperweights her und schließt mittels einer geheimgehaltenen Technik echte Rosen ein. Manche dieser Paperweights haben eine flache, leicht konkave Basis, andere haben einen Fuß. Im Handel sind heute auch ewig haltbare Gänseblümchen und andere getrocknete Blumen, die man ähnlich eingekapselt hat. Noch ist allerdings nicht abzusehen, wieweit diese Verbindung von Natur und billigem Kunsthandwerk dem sammelnden Publikum gefallen wird.

Man soll sich hier jedoch nicht täuschen lassen: Die meisten dieser scheinbaren Kunstwerke entpuppen sich sehr schnell dem seriösen Sammler und Fachmann als plumpe Fälschung, Täuschung oder sogar einfach nur als billigstes Industrieerzeugnis aus dem gewaltigen Angebot der modernen geschäftstüchtigen Kunststoffindustrie! Diese Erzeugnisse – im Sinne des Paperweight-Sammlers niemals als Paperweight zu bezeichnen – haben mit den echten Paperweights oft nur die äußere Form der halben oder angeschliffenen Kugel gemeinsam. Diese Produkte sind überdeutliche Zeichen unserer Massenindustrie und Wegwerfgesellschaft, sind dementsprechend zu erwerben (wenn überhaupt) und werden auch so behandelt.

Dagegen handelt es sich bei den in vielen ansprechenden Farben und mit phantasievollen Einschlüssen seit etwa 10 Jahren auf dem Markt weit verbreiteten ›Glaskugeln‹ von Isle of Wight Studio Glass um moderne Paperweights. Anstelle des sonst bei mundgeblasenem und kunsthandwerklich gefertigtem Glas oft sehr unschönen, doch üblichen Abrisses am Boden, haben hier die Künstler den Siegel der Glashütte, ein Flammensymbol als Kennzeichen, in das noch heiße Glas gedrückt.

Diese nicht teuren, modernen Paperweights werden von einem kleinen Team junger Glasbläser im Rahmen eines zeitgemäßen, exklusiven Studioglas-Programmes unter der erfolgreichen Leitung von Michael Harris hergestellt. Wie Stenett-Wilson kommt auch Harris vom Royal College of Art, an dem er auch als Ausbilder tätig war.

Schon länger als 10 Jahre bekannt sind seine in Form und Farbe (dunkelgrünblau sowie rotbraun-gelb) typischen, ehemals auf Malta für seine ›Glashütte‹ in Mdina entworfenen Gefäße und vor allen Dingen seine Paperweights. Sie gibt es in Größen von 6 bis 12 cm Durchmesser, kugelrund mit angeschliffenem Boden und auch mit einem angeformten Knauf, ähnlich einem Eisstock oder Curlingstein. Diese Arten werden noch auf Malta-Mdina in immer gleichen dunklen Farben gefertigt.

Das ehemalige ›Mdina-Glas‹, von Michael Harris um 1960 kreiert und von ihm zum damaligen Erfolg geführt, ist so bekannt gewesen, daß viele Menschen

noch heute der falschen Ansicht sind, daß sich die (erst 20jährige!) Geschichte
der Glasherstellung auf Malta auf antike Anfänge zurückverfolgen läßt.
Ist hier vielleicht ein Grund dafür zu suchen, daß gerade auch Paperweights
von Michael Harris so relativ häufig beim Antiquitätenhandel auftauchen?
Sammlern sei die nötige Vorsicht bei ›alten‹ Paperweights geraten!

*120  Whitefriars Millefiori-Paperweight, ›farfalla‹ –*
*Großer Schmetterling, Fensterschliff, 1979–1980, Dm 7,5 cm*

# 7. Schottische Paperweights

In Schottland war das Glasmachen seit dem 17. Jahrhundert ein bedeutendes Gewerbe, allerdings beschränkte sich der Hauptteil der Produktion auf Industrie-Glas und Haushalts-Geschirr. Vor unserem Jahrhundert gab es in Schottland wenig Tradition in der Herstellung von dekorativem Glas, und auch das wenige war ein Ergebnis des Zustroms von Ideen und Techniken aus anderen Ländern. Zwar wurde dekoratives Glas in gewissem Umfang hergestellt, aber nach so langer Zeit läßt es sich kaum irgendwelchen einzelnen Glashütten zuordnen. Weder im Millefiori-Stil von Bacchus noch etwa den dicken, flaschengrünen Paperweights von Yorkshire Entsprechendes ist von schottischen Firmen produziert worden. Nur John Ford in Edinburgh produzierte Sulphide-Beschwerer mit den Porträts von Robert Burns und anderen schottischen Berühmtheiten.

Im Victoria and Albert Museum gibt es einen faszinierenden Paperweight mit ungewöhnlichem Muster. Er ist aus klarem, farblosem Kristall und besteht aus einem Obelisk, der sich über einem schweren, rechteckigen Sockel erhebt. Das Glas, auf einem Rad geschliffen, ist ausgezeichnete Handwerksarbeit und soll aus der Mitte des 19. Jahrhunderts und aus Edinburgh stammen. In die Basis ist mit einem Rautenstichel ›Queen Mary's Sun Dial Holyrood Palace‹ eingeritzt. Kunstgalerien und Museen der Stadt Glasgow besitzen eine umfangreiche Sammlung schottischer Glasmurmeln. Einige haben mehrere Zentimeter Durchmesser und zeigen Wirbel und Streifenbildungen aus opakem und gefärbtem Glas, wie man sie oft mit deutschen Murmeln der zweiten Hälfte des 19. Jahrhunderts in Verbindung bringt. Dieselbe Technik hätte sich leicht auf Paperweights anwenden lassen, aber bisher ist das nicht erwiesen.

Zwar fehlt die Tradition der Paperweight-Herstellung in Schottland fast völlig, trotzdem wurden in unserem Jahrhundert ein paar der schönsten, englischen Paperweights in Schottland gemacht. Das Verdienst gebührt vor allem einem Mann, Paul Ysart, dessen Beitrag zur Kunst des modernen Paperweight auf der ganzen Welt ohne Beispiel ist. Paul Ysart wurde 1904 als Sohn böhmischer Eltern in Barcelona geboren. Vor dem Ersten Weltkrieg zog er mit seiner Familie nach Frankreich, wo sein Vater die Techniken des Glasblasens erlernte, möglicherweise in Saint Louis. Das bleibt eine Mutmaßung, auch wenn man einen Miniatur-Paperweight aus Saint Louis im Stil der frühen Arbeiten von Ysart festgestellt hat. 1915 zog sein Vater nach Schottland und fand eine Anstellung bei den ›Leith Flint Glassworks‹, die auf Glaswaren für wissenschaftlichen und industriellen Gebrauch spezialisiert waren. Sein Sohn Paul kam später dazu und arbeitete eine Zeitlang auf dem Gebiet wissenschaftlicher Gläser.

In den Jahren 1920/30 begann Paul Ysart, Paperweights im traditionellen Millefiori-Muster zu machen. Sie bestanden aus konzentrischen, verstreuten Girlanden oder gemustertem Millefiori auf den verschiedensten Untergründen, manche in durchsichtigen Schattierungen von Dunkelblau, Grün, Rot oder Purpur, andere gesprenkelt und opak in Tönungen von zartem Rosa über Sandgelb bis zu leuchtendem Orange. Eine Besonderheit der Technik von Ysart bestand in der Länge der Filigran-Canes, die er in den Grund einsinken ließ. Die Millefiori-Canes an sich können sich in der einfachen Qualität mit den klassischen, französischen Paperweights durchaus messen. In den meisten Paperweights von Paul Ysart ist ein Cane mit den Initialen ›PY‹ eingeschlossen. Ysart hat auch eine Anzahl Blumen- und Insekten-Paperweights gemacht. Im Gegensatz zu den aufrecht stehenden seines amerikanischen Zeitgenossen Charles Kaziun stets in einer flachen, zweidimensionalen Art. Die Besten sind zweifellos seine Schmetterlinge und Libellen in gefärbtem Glas mit Millefiori-Umrahmung. Manchmal verwendet er Millefiori-Canes für die Leiber und Flügel der Insekten. Einen großen Teil seines Arbeitslebens verbrachte Paul Ysart in Perthshire, zuletzt zog er nach Caithness (1963), im hohen Norden Schottlands gelegen. Kein Zufall, daß Perthshire und Caithness heute die beiden Zentren der Paperweight-Produktion in Schottland sind. Neuere Paperweights von Ysart enthalten nicht nur das PY-Canes, sondern haben oft ›Caithness‹ in den Boden eingeritzt. Heute, 1981, arbeitet Ysart altershalber nicht mehr, seine letzten Paperweights tragen ein eingeschmolzenes ›H‹.

Andere Mitglieder der Familie Ysart arbeiteten viele Jahre bei John Moncrieff in einer Glashütte in Perth und entwickelten besondere, unter der Bezeichnung Monart Glass bekannte Glaswaren. Schließlich beschloß die Familie, ihre eigene, kleine Fabrik in Perth zu gründen. Der Firmenname war zunächst Ysart Brothers, später Vasart Glass Ltd. Dieses Unternehmen stellte weiter Vasen und Schalen in der Monart-Tradition her, aber auch Glas-Paperweights und in der Technik verwandte Artikel, wie Türknäufe und Korkenzieher. 1963 erfand die Whisky-Brennerei William Teacher & Sons einen Werbegag in Form ihrer Whisky-Flasche, komplett mit Schild und Verschluß, aber zu einem Teller flachgepreßt. Es war gar nicht einfach, einen Hersteller für diese Idee zu finden, und schließlich legten sie Vasart das Problem vor; dort löste man es und bekam den Vertrag.

Bei ihren Besprechungen mit Vasart und verschiedenen Besuchen in Perth, um die Fortschritte des Projekts zu beobachten, ließen sich Geschäftsführer von Teacher's von der Kunst des Glasblasens faszinieren. Gleichzeitig wurde ihnen klar, daß diese Glasfirma finanzielle Hilfe brauchte, sollte sie in der Wettbewerbs-Atmosphäre der modernen Glasindustrie bestehen. Nur natürlich, daß eine Firma des einen schottischen Gewerbes eine andere unterstützte, und aus dieser gegenseitigen Zusammenarbeit entstand die ›Strathearn Glass Company‹, an der Teacher's die Mehrheit der Anteile hielt. Die Firma wurde in den Nachbarort Crieff verlegt und begann im Dezember 1964 mit der Produktion. Anfangs setzte Strathearn Glass die Herstellung der Glaswaren fort, die bisher von Vasart produziert worden waren, nahm aber auch andere Stücke im Stil der großen Glashütten des 19. Jahrhunderts in ihr Programm auf. Bis 1979/80 stellte sie die ganze Skala der traditionellen Paperweights in allen Größen und in unbegrenzter Auflage her, vom kleinsten (miniature) bis zum größten (jumbo = magnum). Es gibt Millefiori, verstreut, konzentrisch, carpetground und andersartig gemustert, Millefiori auf Spitzen- (Musselin-)Grund, Überfang-, Schmetterling- und Blumen-Paperweights. Gleichzeitig produzierte man für Sammler kleine, begrenzte Qualitäts-Ausgaben von Kronengewichten und Overlay-Paperweights. Diese Qualitäts-Ausgaben tragen die Initiale ›S‹ und das Jahr der Herstellung. Man machte auch Serien, deren einzelne Stile und Bezeichnungen zusammenpassen. ›Stoer‹ heißt ein Paperweight mit schottischem Sand und Kies im Innern. Bei ›Ice Pool‹ schwimmt ein schottischer Quarzbrocken in klarem Glas. Nicht alle, aber viele Strathearn-Paperweights haben ein Cane mit der Initiale ›G‹ eingeschmolzen. Nachdem der schottische Whiskykonzern wohl nicht mehr diese eigenartigen verformten Flaschen benötigte, hat Strathearn Glass 1980 seine Produktion eingestellt, und damit sind seine Paperweights Vergangenheit.

1968 wurde in Crieff von Glasmachern der Firma Vasart unter der Leitung von Stuart Drysdale, eines früheren Direktors von Vasart, eine neue Glashütte gegründet, weil sie mit der Geschäftspolitik der neuen Leitung (Teacher's) nicht einverstanden waren. Drysdale und seine Mitarbeiter wollten weiter traditionelle Paperweights von höchster Qualität machen und haben dieses Ziel auch wirklich erreicht. Perthshire-Paperweights standen für das Festhalten an höchsten Maßstäben, was Technik und Bearbeitung betraf, bald im besten Ruf; ihre begrenzten Auflagen werden überall zu den schönsten modernen Paperweights gerechnet. Jack Allan und Anton Moravec haben sich auf datierte Überfang-Paperweights und Paperweights mit Objekten, wie Libellen und andere Insekten, spezialisiert. Diese tragen am Boden die Jahreszahl und die Initialen ›JA‹ oder ›AM‹ und werden mit einem numerierten Zertifikat verkauft. Sie haben mehrere Weihnachts-Paperweights in begrenzter Auflage herausgebracht und machen meist nur drei oder vier begrenzte Auflagen pro Jahr.

Außerdem stellen sie eine Skala von Millefiori-Paperweights in unbegrenzter Auflage her. Manche Perthshire-Paperweights tragen ein Cane mit der Initiale ›P‹. Andere Exemplare dieser Firma haben als Eigenheit eine glatte, flache Basis mit einem eingeschliffenen, sternförmigen Ornament in der Mitte.

In den letzten Jahren ist Glasmachen in Caithness/Schottland (Caithness Glass, gegr. 1960) zu einer der wichtigsten Industrien geworden, und zwar mit dem Schwergewicht auf Kristallglas in einem weiten Spektrum von Dekorations- und Gebrauchsgegenständen. 1969 begann Caithness Glass in Harrowhill, Wick, mit der Herstellung eigener Paperweights. Dem Umriß nach gehören sie zu den herkömmlichen, am Boden abgeflachten Globen, aber die Motive sind ganz anders als alles, was es bisher gab. Ein Paperweight in unbegrenzter Auflage zum Beispiel wirkt ganz surrealistisch, erinnert an Flammen, Gase und geschmolzene Lava eines Vulkans. Andere sind in begrenzter Auflage von Colin Terris entworfen und handgemacht von Peter Holmes. Die beiden Paperweights, die 1972 in den Handel kamen, hatten ein Weltraum-Motiv. ›Starbase‹ hat ein abstraktes Design, das eine Raumfahrtstation der Zukunft symbolisiert, wie sie über dem Planeten Erde im Weltraum kreist. ›Orbit‹ ist eine abstrakte Interpretation des Unbekannten, dem wir einst bei der Erforschung des Weltraums begegnen könnten. Der silbrige Ring stellt ein Raumfahrzeug im Umlauf über der Oberfläche eines unbekannten Planeten dar. Wenn wir diese faszinierenden Paperweights unter verschiedenen Blickwinkeln betrachten und das Licht auf die seltsame Mondlandschaft und Weltraumatmosphäre fallen lassen, sehen wir etwas Magisches – ›transzendent‹ wie Glas. In den Paperweights der 70er Jahre aus Caithness entdecken wir futuristische Dinge – weit entfernt von den dichten Millefiori von Baccarat oder Saint Louis.

Sicher im Zusammenhang mit der enorm steigenden Popularität und Nachfrage von Paperweights und dem damit verbundenen guten Absatz ist das Selbständigmachen von jungen Glasgestaltern und Glaskünstlern zu sehen.

So knüpfen an den Erfolg ihrer ehemaligen Arbeitgeber gleich mehrere schottische Paperweight-Spezialisten an:

Peter Holmes, der Paperweight-Meisterglasbläser von Caithness, hat sich sehr geschickt mit einem Paperweight-Kaufmann von Caithness zusammengetan und Selkirk Glass Ltd. gegründet. Das im Abschnitt Caithness für den Sektor Paperweights Gesagte gilt nun auch für Selkirk-Paperweights. Aufgrund modernster Glastechniken werden hier Paperweights geschaffen, die so phantasievoll gemacht sind, daß manchmal der Erfindungsreichtum des menschlichen Gehirns bei der Namensgebung überfordert wird. Diese moderne Paperweight-Art ist so kompliziert und ungewöhnlich, geheimnisvoll und magisch, daß man sagen darf, daß die Phantasie der Glaskünstler oft größer als die derjenigen ist, die sie auf einen passenden Namen zu taufen haben. Fast alle Paperweights sind bisher in der Stückzahl limitiert. Neben der Signatur ›Selkirk‹ sind alle weiteren Angaben im Boden eingraviert.

Auch Perthshire Paperweight Ltd. hat zwei seiner wichtigen Leute verloren: Seinen bekannten Lampenglasbläser Jack Allan, der sich heute gemeinsam mit John Deacons, dem Inhaber von ›Jay Glass‹, speziell den Miniatur-Paperweights widmet. Hier wird sehr viel Lampenglastechnik, manchmal auch kombiniert mit Millefiori gezeigt. Ein kleines ›J‹-Stäbchen in den Paperweights ist das Erkennungszeichen dieser kleinen Zaubergärten, den Blumen-Miniatur-Paperweights. Jeweils nur 101 Stück verlassen das kleine schottische Glasstudio für die Paperweight-Sammler in aller Welt.

Als momentan letzte Neugründung gilt, wenn es den schwierigen Start überwunden haben wird, das Studio von William Manson. Manson war bei Caithness zuständig für die Lampenarbeit und die teuren limitierten Ausgaben, wie z. B. ›Manta Ray‹, der naturgetreue ›Tintenfisch‹ oder ›Schmetterling auf Blume‹ tragen seine Handschrift. Ähnliche Arbeiten beabsichtigt er heute als selbständiger Paperweight-Hersteller unter seinem und dem Namen Scotia zu fertigen.

Da die Paperweight-Herstellung zu der langwierigsten Kunst und Technik in der Glasherstellung und Glasveredelung gehört, können naturgemäß in der Zeit der kurzen Existenz von Scotia vor Erscheinen dieses Buches noch nicht viele Paperweights von William Manson verbreitet sein, um informative Angaben zum Stil machen zu können.

## Sonderausgaben Perthshire-Paperweights von 1969 bis 1981

|      |                                                        | Auflage |
|------|--------------------------------------------------------|---------|
| 1969 | Kronengewicht rot/weiß/blau                            | 350     |
| 1970 | Libelle                                                 | 500     |
|      | Overlay, transparent, rot, Fensterschliff              | 150     |
| 1971 | Stiefmütterchen, angeschliffen                         | 350     |
|      | Patterned Kissen                                        | 250     |
|      | Lacetwist-Bänder                                        | 150     |
|      | Parfümflasche mit transparentem, amethystfarbigem Overlay | 300  |
|      | Stechpalme auf Lace, Weihnachtspaperweight             | 250     |
| 1972 | Kissen, Fensterschliff                                  | 300     |
|      | Dahlie, Fensterschliff                                  | 200     |
|      | Miniatur-Blume im ›Korb‹                               | 1000    |
|      | Mistel, Weihnachtspaperweight                          | 300     |
| 1973 | Close Millefiori                                        | 400     |
|      | Carped Ground, Fensterschliff                          | 350     |
|      | Blume, Fensterschliff                                   | 600     |
|      | Blume auf Latticinio                                    | 300     |
|      | Hollow-Weight, Schwan, angeschliffen                   | 250     |

| | | |
|---|---|---:|
| 1974 | Close Millefiori, Doppel-Overlay, Amethystfarben mit Weiß, Fensterschliff | 300 |
| | Millefiori-Girlande | 350 |
| | Scattered Millefiori | 500 |
| | Blume mit Knospe auf lila Grund | 350 |
| | Bukett mit Libelle, Fensterschliff | 300 |
| | Rotkehlchen auf grün-weißen gedrehten Bändern, Weihnachtspaperweight | 325 |
| 1975 | Schmetterling | 450 |
| | Rose | 400 |
| | Hollow-Weight, Pinguin, transparentes, blaues Overlay, Fensterschliff | 350 |
| | Patterned Millefiori | 400 |
| | Tannenbaum, Weihnachtspaperweight | 350 |
| 1976 | Vergißmeinnicht auf Latticinio | 400 |
| | Schmetterling, Miniaturpaperweight, Doppel-Overlay, angeschliffen | 500 |
| | Moos Ground | 174 |
| | Blume weiß/blau, Miniaturpaperweight, Fensterschliff | 350 |
| | Unique Magnum Weight, Topschliff | 300 |
| | Poinsetta, Weihnachtspaperweight | 350 |
| 1977 | Carped Ground mit Silhouetten-Canes | 400 |
| | Damson-Pflaumen, Miniaturpaperweight, Fensterschliff | 500 |
| | Sträußchen auf Spiralen, ungewöhnliche Form | 400 |
| | Patterned Millefiori, rot oder petrol | 400 |
| | Gockel | 400 |
| | Dreifach-Overlay mit Blume, gelb, weiß, rot | 400 |
| | Millefiori-Glocken, Weihnachtspaperweight | 325 |
| 1978 | Blau-weißes Doppel-Overlay, Fensterschliff | 250 |
| | Bukett auf dunklem Grund | 350 |
| | Glockenblumen, Fensterschliff, Miniaturpaperweight | 350 |
| | Heidekraut | 500 |
| | Blume im ›Korb‹, Miniaturpaperweight | 400 |
| | Patterned Millefiori, Topschliff | 350 |
| | Stechpalme, weißes Overlay, Fensterschliff, Weihnachtspaperweight | 325 |
| 1979 | Millefiori mit Silhouetten-Canes, Fensterschliff | 450 |
| | Bukett, angeschliffen | 450 |
| | Girlande auf rotem Grund | 400 |
| | Doppel-Overlay blau-weiß mit Blume, Fensterschliff, Miniaturpaperweight | 400 |
| | Sonnenblume auf orangefarbigem Grund | 350 |
| | Hollow-Weight, Seehund, transparentes rubinrotes Overlay, Fensterschliff | 400 |
| | Engel auf blauem Grund, Weihnachtspaperweight | 325 |
| | Parfüm-Flasche, amberfarbenes, transparentes Overlay | 500 |
| | Parfüm-Flasche, blaues, transparentes Overlay | 500 |
| 1980 | Tropen-Fische, Fensterschliff | 400 |
| | Früchte auf Latticinio, Miniaturpaperweight | 350 |
| | Girlande auf Lace | 400 |
| | Blumen, transparentes Purpur-Overlay, Fensterschliff | 300 |
| | Spirale, dreifarbig | 300 |
| | Segelboot, Patterned Millefiori | 300 |

Margerite, Miniaturpaperweight 450
Rose mit Knospe, Fensterschliff 300
Rose mit Knospe, transparentes Overlay, apfelgrün, Fensterschliff 200
Kerze, Weihnachtspaperweight 300

1981 Aquarium, Fensterschliff 350
Krone mit Körbchen, Topschliff 200
Enzian auf Latticinio 400
Eichenlaub mit Eicheln, angeschliffen 300
Close Millefiori mit Doppel-Overlay, Amberfarben mit Weiß, ange-
schliffen 250
Patterned Millefiori 300
Spirale mit pinkfarbener Blume, Miniaturpaperweight 350
Bienenschwarm, Wabenschliff 200
Weihnachtspaperweight

*121 Weihnachts-Paperweight 1978; Weißes
Overlay, grüner Stechpalmenzweig mit roten
Beeren, umgeben von grünen Millefiori-Canes
Perthshire, Schottland (farfalla)*

# 8. Amerikanische Paperweights bis 1970

Anders als Europa blieb Amerika dem Paperweight treu. In den Jahren 1850/60, als sie in Frankreich bereits im Aussterben waren, kamen sie als attraktive Neuheit in die Vereinigten Staaten und werden dort für ein Publikum von Kennern bis heute hergestellt, wenn auch ihre Beliebtheit innerhalb dieser 130 Jahre beträchtlich schwankte. In dieser Periode lag die Produktion der amerikanischen Paperweights in der Mehrheit bei drei Firmen. Ein halbes Dutzend anderer haben sie nur von Zeit zu Zeit gemacht. Heute wird die Tradition feiner Paperweights von einer Reihe großer Glasmacher fortgeführt, während mehrere der bedeutenden Glashersteller inzwischen mit Paperweights experimentieren, die von den herkömmlichen Formen und Inhalten abweichen. Die Beschäftigung mit Glas im allgemeinen und Paperweights im besonderen war in Amerika immer äußerst intensiv, und es wäre interessant, darüber nachzudenken, in welchem Maß der amerikanische Markt die Paperweight-Produktion in England und Europa angeregt hat. Leider war der Handel nicht gegenseitig, nur wenige amerikanische Paperweights finden ihren Weg über den Atlantik. So tauchen sie nur selten in europäischen Antiquitätenläden oder Auktionssälen auf, und das Interesse von Sammlern außerhalb ihres Heimatlandes bleibt weitgehend akademisch.

Man nimmt allgemein an, daß Paperweights 1851 nach Amerika kamen, nachdem Besucher der Weltausstellung in London wohl Gelegenheit hatten, diese Spielereien ausgestellt zu sehen. Bezeichnenderweise stammt der frühest-datierte amerikanische Paperweight aus jenem Jahr und zeigt die Profile von Queen Victoria und ihrem Prinzgemahl. Diese Theorie ist aber zu vermessen, denn ebenso wahrscheinlich ist, daß Amerikaner, die in den Jahren nach 1840 den europäischen Kontinent bereisten, einzelne Paperweights in Murano, Böhmen und Frankreich sahen und kauften. Die frühen amerikanischen Paperweights waren von europäischen Stilrichtungen beeinflußt, und europäische Einwanderer in den Glashütten von New England hatten einen starken Einfluß auf die Techniken, die man dort anwandte. Daher folgen frühe amerikanische Paperweights zwar meist europäischen Vorbildern. Gleichzeitig verbanden sich natürlich eigener Einfallsreichtum und selbständige Vorstellungen und schufen eigene typische Stile.

# New England Glass Company

Glasmachen begann in Cambridge, Massachusetts, im 17. Jahrhundert, aber die Firma, die ihre Konkurrenz in den Schatten stellte und von der man manchmal als der Glashütte von Cambridge spricht, wurde erst 1818 als New England Glass Company von einer Gruppe von Männern gegründet, unter ihnen auch Deming Jarves, der sich später als rivalisierende Firma in Sandwich selbständig machen sollte. NEGC, wie sie oft abgekürzt wird, wurde rasch einer der führenden Hersteller von Flintglas in den Vereinigten Staaten und produzierte eine vielseitige Skala von Gegenständen, vom elektrischen Isolator bis zu Kirchenleuchtern. Schon in einem frühen Stadium begann die Firma dekorative Glaswaren herzustellen. Sie marschierte an der Spitze der Kunstglas-Bewegung und brachte ausgezeichnetes graviertes Glas, aber auch Preßglas heraus. Sie war eine wertvolle Ausbildungsstätte für weitere Firmen. Mehrere ihrer Mitarbeiter ließen sich später als selbständige Glashersteller nieder. 1878 wurde die Firma von William Libbey übernommen, dessen Sohn, Edward Drummond Libbey, die Fabrik und viele ihrer Angestellten 1888 nach einer verheerenden geschäftlichen Auseinandersetzung nach Toledo, Ohio verlegte. Die New England Glass Company hat dreißig Jahre lang (1850–80) Paperweights hergestellt.

Einer der ersten – wenn nicht der erste – Beschwerer dieser Firma war ein Sechseck aus Preßglas, der eine Reproduktion der Medaille von William Wyon von 1851 mit dem Doppelprofil von Queen Victoria und Prince Albert enthielt. Er war zwar viele Jahre im Besitz der Familie Hopkins, die Glasmacher in Cambridge waren, aber über seine Vorläufer ist nichts bekannt. Hollister schreibt dieses wichtige, dokumentarische Stück unter Vorbehalt Thomas Hopkins zu, im Besitz von dessen Nichte es sich etwa achtzig Jahre nach seiner Entstehung befand. Die Mehrzahl der NEGC-Beschwerer scheint zwischen 1854 und 1874 gemacht worden zu sein. Vielleicht der Beste unter den Glasmachern, von denen man weiß, daß sie in dieser Periode Paperweights gemacht haben, war Frank Pierre (1834–72), ein Elsässer, der seine Lehre in Baccarat absolviert hatte und von 1849 bis zu seinem frühen Tod für die New England Glass Company arbeitete. Ihm gibt man das Verdienst an den besten Millefiori-Paperweights und vielen der geblasenen Frucht-Paperweights, die eine Spezialität von Cambridge waren. Thomas Leighton (1786–1849) kam aus Birmingham, ebenso William Gillinder; George und Robert Dale wanderten von Leith in Schottland 1830 nach New England aus. Zudem gingen Gillinder und andere in den Vereinigten Staaten von Firma zu Firma und verwendeten oft dieselben Canes und Herstellungsmethoden, was die Zuschreibung vieler amerikanischer Beschwerer problematisch macht. Wenn man von amerikanischen Unternehmen spricht, ist es schwierig, sich dogmatisch zu Paperweight-Profilen und charakteristischen Canes zu äußern.

Paperweights der New England Glass Company hatten kein einzelnes, bezeichnendes Profil. Alles, was man zu ihrer Identifizierung sagen kann, ist, daß ihre Basis stark konkav ist – viel stärker, als bei den Paperweights irgendeiner anderen Fabrik. Die Profile können hoch oder flach sein, die Facettierung kann aus vertikaler Riffelung bestehen, abwechselnd mit kleinen Fensterschliffen oder mit vielen Reihen von Kugelschliffen allein, oder einer Gruppe von vier ineinandergreifenden Fenstern oben. Gelegentlich finden sich zwischen großen kleine ›Krähenfüße‹ eingeritzt. Das klare Glas hat manchmal eine leicht rauchige oder rosa Tönung.

Die Firma hat sehr wenige datierte Paperweights hergestellt. Lura Watkins führt in ihrem Buch ›Cambridge Glass‹ mehrere mit der Jahreszahl 1852 und einen einzigen, 1854 datierten Millefiori-Paperweight auf. Durch Initialen-Canes ließ sich kein einziger Paperweight identifizieren. Die größte Quelle der Verwirrung ist der Umstand, daß Cambridge praktisch dieselben Canes verwendete wie Sandwich, seine schärfste Konkurrenz. Die einzige Weise, sie zu unterscheiden, ist eine genaue Betrachtung des Bodens; ist er stark konkav und sind die Enden der Canes unregelmäßig, kann man auf Cambridge schließen. Wahrscheinlich haben die führenden amerikanischen Firmen viele ihrer Millefiori-Canes aus Europa importiert, und da wieder werden Böhmen und Frankreich als die naheliegendsten Quellen angeführt. Ganz bestimmt haben die Canes, die man in den Paperweights von Cambridge und Sandwich findet, eine Ähnlichkeit mit denen von Baccarat, Saint Louis und aus Böhmen, besonders die Silhouetten, deren amerikanische Version allerdings manchmal aufgrund technischer Unterschiede beim Schmelzen des Glases etwas verzerrt sind.

Cambridge produzierte ›unsortierte‹ Millefiori-Paperweights (scrambled), die einem Fruchtsalat ähneln, mit Fragmenten von Lace gemischt. Im Zusammenhang mit diesen Paperweights hat man ein paar unbestimmt blaue, braune oder grüne Untergründe festgestellt, aber bei den meisten ist der Grund klar. Cambridge machte auch ein paar konzentrische mit eng beieinander liegenden Kreisen und eine größere Anzahl, bei denen die Kreise getrennt waren. In beiden Fällen bestanden die Kreise stets aus identischen Canes. Die durchbrochenen, konzentrischen Paperweights hatten oft einen Grund aus doppelt-gewirbeltem Lace. Eine Handvoll der konzentrischen Paperweights haben ein Radmuster mit Speichen aus außerhalb der Kreise angeordneten Canes. Cambridge hat auch ein paar Kronengewichte hergestellt, die manchmal mit entsprechenden Erzeugnissen von Saint Louis verwechselt werden. Sie sind nicht so dicht gepackt wie ihre französischen Gegenstücke und haben einen schweren, äußeren Überzug. Von Cambridge stammen auch ein paar Paperweights mit gefärbtem

Grund oder mit Carpetground. Die gefärbten Gründe fanden nicht viel An-
klang, aber die Carpetgrounds sind in ihrer Einfachheit sehr attraktiv. Meist
besteht der ›Teppich‹ aus Canes derselben Farbe mit einer einzelnen Silhouette
in der Mitte. Zu den seltensten Exemplaren aus dieser Fabrik gehören die mit
doppeltem Überfang und einem Pilz aus Millefiori im Innern. Diese schönen
Paperweights erreichten einen Höhepunkt an Perfektion, was Canes, Montage, Lichteinfall, Schliff und Überfangtechnik anlangt.

In Nachahmung von Saint Louis machte Cambridge ein paar flache Bukett-Paperweights mit einem Strauß Millefiori-Blüten und grünen Blättern auf zwei-
fach gewirbeltem Latticinio-Grund. Von den identifizierbaren Blumen in
Cambridge-Paperweights sollen die gelbe Clematis, der hellrote Weihnachtsstern und die gelegentlich verwendete Butterblume erwähnt sein. Alle diese
Blumen-Paperweights sind äußerst selten. Es gibt auch ein paar Fruchtkorb-
Paperweights, die meist dürftig komponiert und behandelt sind und in Cambridge wahrscheinlich als Experiment galten.

Der wichtigste Beitrag dieser Firma zur Kunst der Paperweights waren zweifellos ihre Frucht-Paperweights. Meist handelte es sich um Äpfel und Birnen,
entweder freistehend oder mit einer flachen Glas-Basis verschmolzen. Die
meisten waren in klares Glas eingeschmolzen, aber ein paar scheint man in
opakes Glas in verschiedene Farben getaucht zu haben, was ihnen eine seltsam
gesprenkelte Wirkung gibt. Wahrscheinlich hat Cambridge seine Frucht-Paperweights von Venedig übernommen, wo es im frühen 18. Jahrhundert solche Neuheiten gab und Mitte des 19. Jahrhunderts produziert wurden.

# Sandwich

1825 verließ Deming Jarves Cambridge und gründete die ›Sandwich Glass
Company‹ in Sandwich, Massachusetts, Sammlern allgemein als ›Sandwich‹
bekannt. Um 1855 war Sandwich so groß wie Cambridge, und von da an ver-
läuft die Geschichte der beiden Glashütten seltsam parallel. 1858 verließ Jarves
Sandwich und gründete die ›Cape Cod Glass Company‹, die 1869 schloß. Wie
Cambridge war auch Sandwich mit Arbeitskämpfen und steigenden Kosten
konfrontiert, die das Unternehmen schließlich 1888 zum Aufgeben zwangen.
Die meisten, von Sandwich hergestellten Paperweights stammen vermutlich
aus den 1870ern, aber auch ein paar datierte Paperweights sind bekannt, die in
den Jahren 1850/60 gemacht wurden. Im Anfang sollen Edmund Rice und ein
österreichischer Einwanderer namens Timothy Collins die schönsten Paperweights gemacht haben, die besten späterer Zeit werden Nicholas Lutz
(1835–1904) zugeschrieben. Lutz machte seine Lehre in seinem Heimatort
St. Louis in der gleichnamigen Glashütte und kam 1860 in die Vereinigten Staa-

ten. Er arbeitete zunächst bei Christian Dorflinger in den ›Green Point Glass Works‹ in Brooklyn, New York, und wurde dann später von den ›White Mills‹, Pennsylvania, und der ›New England Glass Company‹ eingestellt. 1869 zog er von Cambridge nach Sandwich und arbeitete dort, bis die Firma 1888 schloß. In seinen letzten Jahren arbeitete er für die Mount Washington Glashütte und schließlich für die ›Union Glass Company‹ in Somerville. Seine Arbeiten sind so geschätzt, daß Sammler für Stücke, die ihm zugeschrieben werden, überhöhte Preise zahlen. Dabei hat man bisher nur einen einzigen Paperweight entdeckt, der unstreitig sein Werk ist und seine Signatur trägt. Bei diesem Exemplar windet sich die Schrift wie eine Ranke durch das Laub einer Blume.

Wie Cambridge produzierte auch Sandwich Paperweights in einer großen Vielfalt von Formen und Profilen, meist mit einer niedrigen, flachen Krone. Allgemein betrachtet, sind Sandwich-Paperweights leichter als die anderer amerikanischer Firmen, und die Klarheit des Glases ist sehr unterschiedlich. Wie bereits festgestellt, gibt es zwischen den Canes von Sandwich und Cambridge wenig erkennbare Unterschiede. Vielleicht haben die Erzeugnisse von Cambridge eine größere Farbskala und eine Vorliebe für opak-weiße Canes, die einen scharfen Kontrast zu den farbigen bilden. Die meisten Sandwich-Paperweights gehörten zum Typ des ›unsortierten‹ Millefiori mit demselben Durcheinander wie bei den Cambridge-Paperweights. In einigen dieser Stücke sind Canes mit der Jahreszahl 1852 oder 1825 eingeschlossen. Mrs. Bergstrom entwickelt in ›Old Glass Paperweights‹ die Theorie, die Paperweights mit der Jahreszahl 1825 wären in Wirklichkeit von 1852, und die Zahlen versehentlich umgestellt bzw. auf den Kopf gestellt und spiegelverkehrt. Aber Hollister

▶

*Tafel XIII:*
*122 Rosa und gelbe Rosen, der Stiel von einer Frauenhand gehalten, 10 cm (Bergstrom Art Center)*
*123 Rosa und blaue Lilie auf opakem, weißem Grund von Paul Holton, Corning, 1941, 9,4 cm (Bergstrom Art Center)*
*124 Streublumen schweben über einem blauen Kissen, von Joseph Zimmermann und Gene Baxley, 1967, 8,9 cm (Bergstrom Art Center)*
*125 Rosa, gelb und weiß gesprenkelter Grund mit dem Motto ›Home Sweet Home‹, Millville zugeschrieben, 8,6 cm (Bergstrom Art Center)*
*126 Blaue Lilie mit länglicher Luftblase im Zentrum, von Dorflinger, 8,7 cm (Bergstrom Art Center)*
*127 Schweinchen auf grünem Spritzgrund, Gentile Funfrock Co., etwa 1947, 9 cm (Bergstrom Art Center)*
*128 Abstraktes Motiv aus grünem Glas, signiert und datiert, von Dominick Labino, 1967, 9,2 cm (Bergstrom Art Center)*
*129 ›Under-sea‹-Türstopper mit Steinen und Seeigeln in aquamarinblauem Glas, von Tiffany, 13,5 cm (Bergstrom Art Center)*

122

123

124

125

126

127

128

129

130

131

132

133

134

135

136

weist darauf hin, daß 1825 das Jahr der Gründung der Firma war und daß daher diese Beschwerer zur Feier des 27jährigen Jubiläums der Gründung gedacht gewesen sein könnten. Wenn die Paperweights beide Zahlenkombinationen enthielten, wäre der Beweis für die Theorie Hollisters leichter zu erbringen; so muß jedoch derjenige, der die unendlich vielen Fehlermöglichkeiten bei der Paperweight-Herstellung kennt, sich zwangsläufig der ersten Theorie anschließen.

Ganz wenige gemusterte Millefiori-Beschwerer wurden in Sandwich gemacht und werden der frühen Periode zugeordnet.

Sandwich war für seine schönen Blumen-Paperweights berühmt; die Spezialität von Nicholas Lutz, wie man annimmt. Bei weitem am häufigsten war der Weihnachtsstern; außerdem wurde das sogenannte Sandwich-Unkraut, eine weizengelbe Blume und Blüten mit gestriften Blättern verwendet. Ein einzelner Paperweight mit einem Rosenstrauch ist bekannt und wird dieser Firma zugeschrieben. Zu den Raritäten von Sandwich gehören beachtliche, aufrecht stehende florale Buketts, die von Lutz stammen sollen, ein paar Fachleute sind allerdings skeptisch und wollen diese Paperweights eher der ›New England Glass Company‹ zuordnen. Sandwich produzierte auch ein paar Paperweights mit Körben mit gemischtem Obst. Die Herkunft der Frucht-Paperweights, die manchmal Sandwich zugeschrieben werden, ist zweifelhaft. Sie könnten in Wirklichkeit von Lutz während der zwei Jahre (1867/69) gemacht worden sein, die er für Cambridge arbeitete. Dasselbe könnte man von dem weißen Hirsch und den Schwänen in hohlgeblasenem Glas sagen. Ein paar Blumen-Paperweights haben einen ›marbrie‹-Untergrund, aber man vermutet heute, daß Lutz diese Stücke während seiner Zeit in Somerville machte. Viele Informationen über Lutz und seine Arbeiten stammen aus der umfangreichen Sammlung der Familie Lutz. Es ist heute oft schwierig, zu sagen, an welchem Punkt seiner Laufbahn er bestimmte Paperweights gemacht hat.

◀

*Tafel XIV:*
*130 Großes Erdbeer-Motiv von Mount Washington, in nur fünf Exemplaren hergestellt, 10,5 cm (Bergstrom Art Center)*
*131 Rot-weißer, diamantförmig geschliffener Paperweight mit roter Blume, der New England Glass Co. zugeschrieben, 8,6 cm*
*132 Kleiner, flacher Paperweight mit Blütenzweig in Millefioro-Korb, New England Glass Co., 7,8 cm*
*133 Früchte-Arrangement auf konkavem Grund von Sandwich, 7,9 cm*
*134 Blaue Clematis auf rot-weißem Jaspis-Grund von Sandwich, 6,7 cm*
*135 Weiß- und lavendelblaue Rose mit Beeren und Schmetterling von Mount Washington, 10,2 cm*
*136 Blume von Sandwich, die Nicolas Lutz zugeschrieben wurde, 7,3 cm (Alle Bergstrom Art Center)*

# Gillinder

Einer der bedeutendsten Männer der amerikanischen Glasindustrie des 19. Jahrhunderts war William T. Gillinder, eine Art Wunderkind. Er begann seine Lehrzeit mit acht Jahren und war mit zwanzig schon Vorarbeiter. Mit achtundzwanzig Jahren wurde er Sekretär der ›National Flint Glass Makers Society of Great Britain and Ireland‹, zwei Jahre später verließ er seine Heimat und trat eine Stellung bei der ›New England Glass Company‹ an. In England machte Gillinder Paperweights, möglicherweise für Bacchus in Birmingham und bildete sich unter Frank Pierre in dieser Kunst weiter aus, um dann an andere Fabriken zu gehen. Nach mehrfachem Wechsel des Arbeitsplatzes in den Jahren gegen 1860 ließ er sich 1861 in Philadelphia nieder und gründete sein eigenes Unternehmen. 1867 wurde aus der Firma ›Gillinder & Sons‹, und vier Jahre später starb er. Er ließ seine Söhne James und Frederick zurück, die das Geschäft weiterführten. Gillinder war auf der Jahrhundert-Ausstellung von Philadelphia im Jahr 1876 hervorragend vertreten. 1888 oder 1889 siedelte die Firma nach Greensburg in Pennsylvania über und ging dann in der ›United States Glass Company‹ auf. Von da an scheint sie sich auf Lampen aller Art spezialisiert zu haben. 1912 gründeten die drei Söhne von James Gillinder eine neue Gesellschaft, Gillinder Brothers genannt, und diese Firma besteht in Port Jervis, New York, heute noch.

William Gillinders amerikanische Paperweights stammen aus dem Jahrzehnt zwischen 1861 und 1871 und hatten meist ein besonders hochgewölbtes Profil mit eingeschliffenen, ovalen Fenstern. Nach seinem Tod stellten seine Söhne Paperweights in verschiedenen Formen her – nicht nur rund und oval, auch sechseckig und in Gestalt von Tieren. Eine Kollektion von Gillinder-Canes ist im Museum of Art von Toledo aufbewahrt. Sie besteht hauptsächlich aus gewellten und gekräuselten Canes und Rädchen. Als Silhouette ist ein weibliches Profil bekannt, das je nachdem als Queen Victoria oder Jenny Lind, der ›Schwedischen Nachtigall‹, bezeichnet wird. Die meisten frühen Paperweights von Gillinder bestehen aus konzentrischem Millefiori oder Carpetground, beide von hoher Qualität und hervorragender Komposition und Bearbeitung. Gillinder machte auch ein oder zwei Blumen-Paperweights, die an Cambridge erinnern.

Spätere Exemplare von Gillinder, wie sie auf der Jahrhundert-Ausstellung hervortraten, bestehen meist aus klarem Glas mit den Profilen von George Washington, Benjamin Franklin und Abraham Lincoln in Intaglio in die Basis gepreßt und geätzt. Ein paar dieser Paperweights tragen die Inschrift ›Gillinder & Sons, Centennial Exhibition, Phila., 1876‹ und weisen in Format und Stil eine auffallende Ähnlichkeit mit dem Victoria-and-Albert-Paperweight von 1851 auf. Gillinder produzierte auch eine Anzahl rechteckiger Paperweights zum

Gedächtnis der Ausstellung, mit Abbildungen der Ausstellungsgebäude und Sehenswürdigkeiten aus Papier in die Basis geklebt. Sie sind nicht so gut wie die anderen Gillinder-Paperweights, aber interessant als frühe Beispiele für die ›seaside-resort‹ (Badeort)-Paperweights, die gegen Ende des 19. Jahrhunderts so beliebt wurden.

Gillinder machte auch geformte Glas-Paperweights in Gestalt von Tieren, Vögeln und Blumen, zweifellos angeregt von ähnlichen Paperweights der New England Glass Company zur gleichen Zeit und von den geformten Tierfiguren von Clarence Heisey, die im späten 19. Jahrhundert beliebt waren. Gillinders Tier-Paperweights findet man in klarem oder in opak-schwarzem oder -weißem Glas.

In der Vergangenheit ist durch die Ähnlichkeit des Namens Gilliland mit Gillinder etwas Verwirrung entstanden. ›John L. Gilliland and Company‹ in Brooklyn, New York, war in der Zeit von 1820 bis 1860 Hersteller feiner Glaswaren. Viele amerikanische Paperweights wurden früher dieser Fabrik zugeschrieben. Diese Gilliland-Theorie konnte allerdings einer kritischen Würdigung amerikanischer Paperweights nicht standhalten. Die Firma könnte Paperweights gemacht haben, aber bisher sind keine Stücke aufgetaucht, die die Behauptung, daß es so war, stützen würden.

# Mount Washington

Die ›Mount Washington Glass Works‹, eine der berühmtesten Hütten in den Annalen amerikanischer Glasmacherkunst des 19. Jahrhunderts, haben auch Paperweights gemacht, zwar nicht sehr viele, aber hervorragende in Form und Komposition. Die Glashütte wurde 1837 von Deming Jarves gegründet, angeblich für seinen Sohn George (1825–50). Jarves junior starb sehr jung, und man nimmt an, daß er wenig Einfluß auf die Geschäftsleitung hatte. Um 1856 wurde die Firma von zwei ihrer bisherigen Angestellten, William Libbey und Timothy Howe, übernommen. 1866 wurde Libbey Alleininhaber und verlegte das Unternehmen 1869 nach New Bedford. Die Firma nannte sich nun ›W. L. Libbey & Co‹ und spielte bei der späteren Entwicklung der ›New England Glass Company‹ eine Rolle. 1871 wurde der ursprüngliche Name wieder angenommen. 1894 wurde die ›Mount Washington Company‹ dann der ›Pairpoint Manufacturing Company‹ angegliedert. In unserem Jahrhundert hat die Gesellschaft Sitz, Leitung und Namen mehrfach geändert und hieß 1957 schließlich ›Pairpoint Glass Works‹. Ein Jahr später mußte sie schließen.

Die besten Paperweights, die man mit Mount Washington in Verbindung bringt, wurden in der Periode zwischen 1869 und 1876 hergestellt und sind Sammlern als ›Mount Washington Roses‹ bekannt. Diese großen Beschwerer mit Durchmessern bis zu 12 cm enthalten den schönsten Versuch mit Rosen, der je in Glas gemacht wurde. Allerdings ist die Wirkung manchmal durch die Einbeziehung von unnatürlich aussehenden Schmetterlingen oder eines Zwergs, der den Stiel mit der Hand hält, etwas beeinträchtigt. Diese Rosen-Paperweights hatten flache Kronen und waren zweidimensional. Ein oder zwei Stücke sind registriert, bei denen Facetten in Boden und Seiten eingeschliffen sind. Außer diesen Rosen wurden bei Mount Washington auch Paperweights mit Weihnachtssternen, Dahlien, Obst (Pflaumen oder Wein) und Obstblüten gemacht. Man weiß von mehreren, die arrangierte Erdbeeren enthalten, auch von ein paar großen Rechteckformen mit Blumen-Buketts. Diese Blumen-Platten zeigen das dekorative Motiv in einem abgeschrägten Rechteck aus klarem, etwa 2,5 cm starkem Glas, 9 × 13 cm groß. Ein einziger mit einem Büschel aus vier wilden Erdbeeren schließt die Reihe dieser ungewöhnlichen Platten-Paperweights ab.

Eine Beschreibung dieses Unternehmens wäre ohne den Hinweis auf die großen, spiralig gemusterten Sockel-Paperweights, die im Jahrzehnt vor dem Ersten Weltkrieg entstanden, unvollständig. Sie bestehen aus einer großen, massiven Kugel, auf einen Fuß montiert. Im Innern der Kugel ist eine Spirale aus opak-weißen und dunkelblau oder rot kontrastierenden Bändern arrangiert. Die Spiralen sind von Bläschen umgeben, die ihrerseits ein regelmäßig verteiltes Muster bilden. Die breiten Glassockel dieser sogenannten ›Pairpoint weights‹ sind kunstvoll graviert, dieser Teil der Ausführung wird Carl Banks zugeschrieben.

# Millville

Mit der Errichtung einer Fabrik zur Herstellung von Fensterglas begann Anfang des 19. Jahrhunderts in Millville, New Jersey, die Glasmacherei. Die Glashütte von Millville hat ihren Namen oft geändert, arbeitet aber heute noch. Einen großen Teil dieser Zeit stand das Unternehmen unter der Leitung der Brüder Whitall oder ›Whitall Tatum and Company‹. Whitall Tatum, bestens bekannt für ihre Isolatoren aus Rauchglas, die sich in den letzten Jahren selber zu Sammlerstücken entwickelt haben, begann in den ersten Jahren nach 1860 mit der Herstellung von Paperweights als Nebenproduktion. Diese Paperweights wirkten ziemlich primitiv und waren wahrscheinlich Feierabend-Arbeiten der Glasmacher. Auf einfache Exemplare mit einem Vogel auf dem Zweig eines Baums folgten kunstvollere Motive – Hunde, Pferde, Landschaften und allegorische Themen, wie Liebe und Hoffnung. Im selben Genre ist ein patriotischer Paperweight aus dem Spanisch-Amerikanischen Krieg. Er zeigt das unselige Kriegsschiff Maine, das im Hafen von Havanna sank, und trägt die

Inschrift ›Remember the Maine, Feb. 15, 1898‹. Andere Millville-Paper-weights um die Jahrhundertwende zeigten das Zeichen der Freimaurer und ähnlicher Gruppen. Diese Paperweights sollte man als Form amerikanischer Volkskunst betrachten, sie erheben keinen künstlerischen Anspruch.

Etwas ganz anderes als die Feierabend-Arbeiten sind die hübschen Millville-Rosen, die von hervorragenden Kunsthandwerkern wie Ralph Barber, Marcus Kuntz, John Ruhlander und Emil Stanger gemacht wurden. Es sind große, auf-rechtstehende Paperweights mit einem mächtigen Fuß oder einem abgestuften Sockel. Außer Rosen stellten die Glasmacher von Millville auch Tulpen und Lilien her. Die ungewöhnlichsten Paperweights dieser Firma waren aber die mit Schiffen, Jagdszenen oder dem amerikanischen Adler. Das Schmuckmotiv war ein zweidimensionales Glasbild, von einer Stahlmatrize abgenommen und in aufrechter Stellung montiert. Sie kommen mit einfachem, flachem Boden vor, auf Füßen oder auf Sockeln und wurden oft paarweise als Kaminschmuck verkauft. Die meisten dieser Bild-Beschwerer stammten von Michael Kane. Die Herstellung von Paperweights scheint in Millville um 1912 geendet zu ha-ben. Doch im Zeichen des großen Interesses für Paperweights ließ man schon seit einiger Zeit die Paperweight-Herstellung wieder aufleben. Bisher wurden einfache Paperweights, hauptsächlich mit eingestochenen Blumen und Luft-blasen, in großen Mengen für Touristen hergestellt.

# Dorflinger

Christian Dorflinger (1828–1915) wurde im Elsaß geboren und erlernte die Glasmacherei in St. Louis, um dann 1846 nach Amerika auszuwandern. Vier-zehn Jahre später gründete er die ›Green Point Glass Works‹ in Brooklyn, New York, mußte sich aber 1863 aus Gesundheitsgründen zurückziehen. Trotzdem gründete er zwei Jahre danach in White Mills, Pennsylvania, ein weiteres Unternehmen. Die ›Dorflinger Glass Works‹ überlebten ihren Grün-der um sechs Jahre, mußten aber 1921 aufgeben. Seit den Tagen von Green Point, als Nicholas Lutz bei ihm arbeitete, gehörten Glas-Paperweights stets zu Dorflingers Programm. Ralph Barber und Emil Larson haben einen be-trächtlichen Beitrag zur Produktion von Millville geleistet und gelegentlich auch für Dorflinger gearbeitet. Auch Tobias Hagberg und Ernest von Dohln, beide schwedischer Herkunft, machten für die ›Dorflinger Glass Works‹ schöne Paperweights. Hagberg ›signierte‹ seine Beschwerer, indem er ein klei-nes Blümchen in den Boden einführte, das nur zu sehen war, wenn man den Beschwerer umdrehte. Von Dohlns Spezialität waren große, aufrechtstehende Paperweights mit vierblättrigen Lilien-Motiven in Blau, Rot oder Grün, die sich von den Blumen-Paperweights von Millville aus der gleichen Zeit stark unterscheiden.

Dorflinger-Paperweights lassen sich kaum als Klasse einordnen, sie sind weitgehend von Glasmachern in ihrer Freizeit geschaffen. In der Laufbahn von Lutz und Larson bedeutete ›Dorflinger Glass Works‹ nur eine Zwischenstation, und selbst Hagbergs beste Arbeiten auf diesem Gebiet entstanden vermutlich in den Jahren gegen 1930/40, als er bei Steuben Glass angestellt war.

# Somerville

Die ›Union Glass Company‹ von Somerville, Massachusetts, ist wegen ihres Kew Blas und anderem Kunstglas von 1880/90 und gegen 1900 am meisten bekannt. Aber in den Anfangsjahren unseres Jahrhunderts wurde auch eine erstaunliche Reihe von Paperweights produziert. Man vermutet, daß Nicholas Lutz, der Somerville von 1895 bis zu seinem Tod verbunden war, dabei mitgewirkt hat. B. H. Leffingwell schreibt in seinem Bericht über die Glasherstellung in Somerville, daß Lutz dort Schmetterlings-, Frucht- und Blumen-Paperweights gemacht habe. Man kennt Stücke, die diese Gegenstände enthalten, und in einem Stil, der an die Exemplare erinnert, die Lutz für Sandwich gemacht hat. Sie sind im charakteristischen, großen Somerville-Format und tragen Namen und Jahreszahlen, die mit seiner Somerville-Zeit zusammenfallen. Viele Paperweights, die in dieser Glashütte entstanden, wurden von ihren Erzeugern mit Widmungen versehen und waren als Weihnachts- oder Geburtstagsgeschenke für Freunde und Verwandte gedacht. Aus diesem Grund sind sie oft datiert und tragen den Namen des Empfängers.

Zwei Schüler von Lutz wurden selbständige, bedeutende Glasmacher und haben beide Paperweights gemacht, die heute äußerst gesucht sind. Emil Avinwell war bei den ›Union Glass Works‹ bis zu ihrer Schließung 1929 beschäftigt und arbeitete dann für Pairpoint. Seine Spezialität waren florale Paperweights mit seltsam abgeflachter Wölbung; auch viele der sogenannten Jubiläums (anniversary)-Beschwerer sind sein Werk. Auch Philip Bunamo machte Jubiläums-Paperweights, aber seine Stücke waren kleine, hohe Kronenformen mit aufrechtstehenden Rosen ohne Laub. Bunamo machte Erdbeer-Paperweights in der Art von Mount Washington, Vogelnest-Paperweights und merkwürdige Schweinchen-Paperweights, die opake weiße Schweinchen oder ein Sulphide-Schwein enthielten. Auch ein paar patriotische Exemplare, Jahrgang Erster Weltkrieg, mit Flaggen der Amerikaner und Alliierten, könnten von Bunamo stammen.

# Steuben Glass Works

Frederick Carder (1863–1963) erlernte das Glasmachen in seiner Heimat Brierley, Staffordshire, wanderte dann nach Amerika aus und gründete 1903 in Corning, New York, die ›Steuben Glass Works‹. Die Rückschläge und Engpässe des Ersten Weltkriegs zwangen ihn zur Schließung, aber zum Glück wurde die Glashütte von der ›Corning Glass Company‹ gerettet, und Carder konnte dort als Atelierleiter bis zu seinem Ausscheiden im Jahr 1934 weiterarbeiten. Bis ans Ende seines langen Lebens bewahrte er aber ein starkes Interesse an den künstlerischen Erzeugnissen, für die Steuben Glass weltberühmt ist. Sein eigener Ruf gründete sich vor allem auf das Cluthra-, Aurene- und Cintra-Kunstglas, das zu Beginn unseres Jahrhunderts so beliebt war, und obwohl er ein paar interessante Millefiori-Schalen gemacht hat, weiß man nichts von Paperweights aus seiner Hand. Wie bei so vielen anderen Glashütten wurden Paperweights bei Steuben als Freizeit-Arbeiten hergestellt und nie kommerziell gehandelt. Trotzdem sind aus den ersten Jahren nach 1920 ein paar Paperweights mit der Inschrift ›Steuben‹ im Boden bekannt. Exemplare dieses Typs mit fünfblättrigen Lilien wurden von Steuben-Mitarbeitern sporadisch bis 1942 gemacht, wenn nicht noch länger. Offiziell wandte sich Steuben 1933 von gefärbtem Glas ab und konzentrierte sich seither auf klares Glas. Die vielen Paperweights, die spätere Jahreszahlen tragen und mit ›Steuben‹ signiert sind, kann man deshalb nur als Freizeit-Produkte betrachten. In den letzten Jahren sind allerdings ein paar reizvolle Paperweights im modernen Steuben-Stil entstanden. Viele dieser Stücke sind Versuche, und einige davon sind Unikate. Paul Schulze hat eine Reihe abstrakt-geometrischer Stücke gemacht, die von Sammlern bereits hoch bezahlt werden. George Thompson hat eine Anzahl von Nippsachen entworfen, die mit Gravuren von Künstlern wie Tom Vincent, Sidney Wauch und Don Weir in begrenzter Auflage herauskamen. Paperweights der heutigen Produktion zeigen eingestochene Luftblasen in großer Variation und sind oftmals zusätzlich sehr abwechslungsreich und exakt geschliffen und/oder graviert. Bedeutend und herausragend ist aber immer die Perfektion, die unter Verwendung eines einzigartig brillianten Kristallglases demonstriert wird.

Die Fertigungskapazität, will man überhaupt von einer solchen sprechen, ist sehr gering; alle Stücke sind limitiert. Wie alle anderen Artikel, Vasen, Schalen, Objekte, so sind auch die Paperweights nur für einen ganz kleinen Kreis wirklicher Glas-Liebhaber bestimmt. Preise für Paperweights von über 1000 DM sind üblich, und 60-, 80- oder gar 100 000 DM für dekorative Glasobjekte keine Seltenheit. Diese Preise gelten nicht für offizielle Staatsgäste der U. S. A. Sie können das große Glück haben, Steubenglas als Geschenk des Präsidenten überreicht zu bekommen.

# Tiffany

Louis Comfort Tiffany (1848–1933) wird von seinem Biographen Robert Koch zutreffend als ›ein Rebell in Glas‹ bezeichnet; er hat mehr als jeder andere getan, um das Kunstglas des späten 19. Jahrhunderts zu revolutionieren. 1893 gründete er auf Long Island die Glashütte Corona, und schon im gleichen Jahr wurden seine auf der Columbien Exhibition ausgestellten Glaswaren unmittelbar begeistert aufgenommen. Vierzig Jahre lang bis zu seinem Tod produzierte Tiffany Kunstglas in den zahlreichen, unterschiedlichen Stilen der Zeit, von den Jahren des Art Nouveau bis Art Deco. Zu Beginn unseres Jahrhunderts galt Tiffany-Glas bereits als äußerst begehrter Sammelgegenstand, und obwohl die Firma bis 1936 in ungeheurem Umfang produzierte, ist der Zauber des Namens so groß, daß auch spätere Tiffany-Erzeugnisse heute, knapp vierzig Jahre nach ihrem ersten Erscheinen, hoch bezahlt werden.

Der Charakter von Tiffany-Glas ist in seiner Vielfalt ziemlich verwirrend. Viel ornamentales Glas, das in der Zeit des Art Nouveau entstand, war aus dem berühmten ›Tiffany Favrile‹-Glas mit seinen typischen blaugrünen Schattierungen und einer Vorliebe für Pfauenfedern, Blattmuster und Unterwasser-Laubwerk-Effekten. Die Skala der aus diesem Material hergestellten Gegenstände war sehr breit, und natürlich gehörten auch ein paar Paperweights dazu. Diese Tiffany-Paperweights sind ganz anders als alles, was sonst zu jener Zeit gemacht wurde. Deshalb wurden sie viele Jahre von Sammlern traditioneller Paperweights übersehen und verachtet. Sie waren viel größer und schwerer als die meisten anderen und wurden daher leicht im selben Licht betrachtet, wie der in Kapitel 9 besprochene Kilner-Türstopper. Erst im letzten Jahrzehnt hat man Tiffany-Paperweights voll zu würdigen gelernt. Verglichen mit Vasen, Schalen und Lampen hatten die Paperweights aus Favrile-Glas keinen Erfolg. Technisch waren sie ebenso makellos wie alles, was Corona herstellte, aber man fand damals, die ätherischen Qualitäten des Favrile eigneten sich überhaupt nicht für etwas so Solides, Massives wie Paperweights – besonders, wenn sie in so großem Maßstab entworfen waren. Tiffany ließ daher nur ziemlich wenige dieser kompakten Konfektion herstellen. Erst im vergangenen Jahrzehnt, nachdem die Glashersteller sich von der Millefiori-Tradition gelöst und angefangen haben, mit Paperweights in neuen Formen und Techniken zu experimentieren, hat man die Absicht der Tiffany-Paperweights begriffen. Heute werden sie von einer neuen Generation von Paperweight-Künstlern in England, Skandinavien und besonders Amerika nachgeahmt.

Die Motive der Tiffany-Paperweights kann man nur als Unterwasser-Muster bezeichnen, die manchmal Quallen oder unbestimmbaren Meeres-Geschöpfen, manchmal auch wehendem Tang zwischen Felsen gleichen. Die Wirkung wird durch die zart-blaue und -grüne Tönung des Glases, das sie einschließt,

noch erhöht. Diese irisierenden (Regenbogen-)Effekte wurden erzielt durch
das Aufdampfen bestimmter Metalle als Metallsalze (hauptsächlich Metalle der
I. und IV. Nebengruppe des Periodensystems) auf das noch heiße, fertigbear-
beitete Glas. Tiffany-Paperweights sind oft, wenn auch nicht immer, am Boden mit ›L. C. Tiffany Favrile‹, der Seriennummer des Musters und einem
Buchstaben signiert, der die Nummer des betreffenden Exemplars innerhalb
der Serie bezeichnet.

## Andere alte amerikanische Paperweights

Es gibt heute noch eine große Zahl amerikanischer Paperweights, die um die
Jahrhundertwende hergestellt wurden, aber sie lassen sich kaum mit Sicherheit
identifizieren. Qualität und Bearbeitung der meisten sind dürftig, sie wurden
praktisch als Massenprodukt für den Verkauf auf Billigmärkten und Festwie-
sen gemacht. Im Lauf der Zeit haben sie an Ansehen gewonnen und lenken
heute, wie die Strandbilder-Paperweights, die ernsthafte Aufmerksamkeit von
Sammlern auf sich. Zu den Fabriken, von denen man weiß, daß sie Ende des
19. Jahrhunderts solche Paperweights produzierten, gehörte die ›B. F. Leach
Glass Company‹ in Fowlerton, Indiana. In Fowlerton kaufte man gemischten
Glasbruch von anderen Fabriken und machte daraus Misch-Paperweights mit
banalen Beschriftungen (›My Mother‹ oder ›Home Sweet Home‹) mit Minera-
lien-Staub. Innerhalb von zwei Jahren wurden allein etwa 25 000 solcher Paperweights produziert und im Großhandel für 2,50 Dollar das Dutzend verkauft. Hollister gibt die Gefühle ›traditioneller‹ Sammler wieder, wenn er die
Fowlerton-Beschwerer verachtungsvoll abtut, sie sähen aus, ›als wären sie unter dem undichten Kurbelkasten eines Lastwagens gemacht, mit einem Auto-
schlauch als einzigem Werkzeug‹. Andere Paperweights jener Zeit bleiben in
gnädige Anonymität gehüllt.
In der Mitte des 19. Jahrhunderts führte die Entdeckung von Erdgas im Gebiet
von Ohio zur Entwicklung einer Glasindustrie in diesem Staat. Die Fabriken
von Ohio erzeugten zwar hauptsächlich Gebrauchsgegenstände, aber ein paar
Glashütten machten auch Paperweights und andere Neuheiten aus Glas. Die
›Zanesville Glass Works‹ in Zanesville, Ohio, machten ein paar ausgezeichnete, frei geformte Glas-Vögel und -Tiere auf schwerem, rundem Fuß. Die ›Fo-
storia Glass Company‹ in Ohio stellte zwischen 1880 und 1900 Blumen-Paperweights nach der Art von Millville her. Spezialität dieser Firma war eine
vierblättrige Lilie aus rotem oder geflecktem Glas, auf einen opak-weißen
Grund montiert und in eine Wölbung aus klarem Glas eingeschlossen. Ähnliche Blumen-Paperweights – mit Lilien und Trompetenblumen – wurden von
der ›Ravenna Glass Company‹ in Ravenna, Ohio, gemacht. Ravenna produ-

zierte auch Blumen-Paperweights in Form von hohen Glaszylindern und -würfeln und montierte ebenfalls florale Globen auf Sockelfüße. Auch den ›Hendrix Works‹ in Findley, Ohio, und der ›Tiffin Glass Company‹ in Tiffin, Ohio, schreibt man Ende des 19. Jahrhunderts Paperweights aus gefärbtem Glas und verwandte Gegenstände, wie Türknäufe und Tintenfässer, zu. Ohio und das benachbarte Indiana sind Zentren der modernen, amerikanischen Paperweight-Industrie, wozu gesagt werden muß, daß die besten Arbeiten der letzten Jahre von einzelnen Kunsthandwerkern gemacht wurden.

Charles Degenhart (1882–1958) und sein Bruder John (1884–1964) arbeiteten in Cambridge, Ohio, und stellten in der Zeit zwischen 1925 und 1950 eine Reihe interessanter und attraktiver Paperweights her. Viele sind Blumen-Paperweights mit schwerem Fuß in der Millville-Tradition, andere zeigen Schlangen in gefärbtem Glas auf einem Grund aus vielfarbigem Glas. John Gentile arbeitete in Morgantown, West Virginia, und machte auch hübsche Rosen-Paperweights. Die ›Gentile-Funfrock Glass Company‹ zog 1948 nach Star City, West Virginia, und wurde in ›Gentile Glass Company‹ umbenannt. Schwere, kugelförmige Paperweights, Patent von John G. Funfrock und hergestellt von Peter Gentile, zeigen Vögel und Schmetterlinge. Gertrude Gentile und Frank Hamilton haben in den letzten Jahren Blumen-Paperweights für diese Firma gemacht. In Elwood, Indiana, schuf Joseph St. Clair in den sechziger Jahren ein paar ungewöhnliche Tier-Paperweights. Die Tiere aus weißem und farbigem Porzellan waren in klarem Glas auf gefärbtem Glas-Grund eingeschlossen. Die ›St. Clair Glass Company‹ bezog gewellte Stücke von karamel-farbenem Glas zu Beginn unseres Jahrhunderts von der ›Indiana Tumbler and Goblet Company‹ in Greentown und verwendete sie Anfang 1960 in Paperweights aus klarem Glas. Weitere attraktive Blumen-Paperweights wurden in den letzten Jahren von Joseph Zimmerman und Gene Baxley für die ›Zimmerman Art Glass Company‹ in Corydon, Indiana, gemacht. Man erkennt sie am Buchstaben ›Z‹, der in ihren abgeflachten Boden eingeprägt ist. Ungewöhnliche Knauf-Paperweights, bei denen sich oben aus der Wölbung ein Auswuchs aus klarem Glas erhebt, wurden im letzten Jahrzehnt von Jonathan Stone für die ›Indiana Glass Company‹ in Dunkirk, Indiana, hergestellt.

## Moderne amerikanische Kunsthandwerker bis 1970

Der Ehrenplatz gebührt Charles Kaziun in Brockton, Massachusetts, der den modernen amerikanischen Paperweight aus der Mittelmäßigkeit herausgeführt hat. Weitgehend Autodidakt, arbeitete er als Glasbläser für einen Hersteller wissenschaftlicher Instrumente, ehe er sich selbständig machte. Von Emil Larson angeleitet und angeregt, machte Kaziun 1942 seinen ersten Rosen-Paperweight. In den folgenden dreißig Jahren war Kaziuns Produktion enorm und äußerst mannigfaltig. Die Größe seiner Arbeiten reicht von winzigen Knöpfen bis zu dem normalen Maß von 7,6 cm. Sie haben flache Böden, Füße oder Sockel. Außer diesen Rosen-Paperweights hat Kaziun auch andere Blumen, flach und aufrechtstehend, zur Vollendung gebracht – Stiefmütterchen, Tulpen, Krokus, Lilien, Hibiskus, Hartriegel und Purpurwinde. Er hat auch konzentrisches Millefiori auf Musselin-, Goldstein-Grund (Aventurin) und gefärbten Gründen ungewöhnlicher Schattierung und Konsistenz gemacht. Bestimmte Silhouetten sind bezeichnend für ihn – eine Schildkröte, ein Herz, eine goldene Biene oder Hummel, ein Wal und ein sitzender Hase. Am Boden seiner Paperweights findet man ein Cane mit der Initiale ›K‹ oder oft ein kleines Goldfolien-›K‹.

Zu den Künstlern, die der traditionellen Richtung den Vorzug geben, gehört auch Francis Dyer Whittemore Jr. in Landsdale, Pennsylvania, der in den vergangenen zehn Jahren Blumen-Paperweights mit Füßen gemacht hat. Whittemore, mit seinen mehr als zwanzig Jahren Erfahrung als Glasbläser, machte zunächst ein paar ausgezeichnete Miniatur-Figuren und maßstabgetreue Modelle, ehe er sich Paperweights in der Millville-Tradition zuwandte. Seine kleinen Rosen sind in allen Details schön und vollkommen. Whittemore-Paperweights haben ein opak-graues oder gelbes Cane mit einem schwarzen ›W‹. Auch Ronald Hansen in Mackinaw City, Michigan, ist noch ein ziemlicher Neuling auf der Paperweight-Szene. Seine üppigen Blumen-Paperweights stehen noch am Anfang ihrer Entwicklung. Das Motiv liegt meist zu tief und die Facettierung ist zu ungleichmäßig, deshalb haben seine Arbeiten gegenwärtig noch keinen hohen Rang, aber Farbe und Komposition sind äußerst vielversprechend, und man wird sich den Namen Hansen für die kommenden Jahre merken müssen. Harold Hacker in Bueno Park, Kalifornien, ist auf Eidechsen und Schlangen auf einer durchsichtigen Schicht feiner Spritzer in goldfarbenem und blaßgelbem Glas, die Sand vorstellen soll, spezialisiert. Diese Paperweights sind am Boden mit ›Harold J. Hacker‹ und der Jahreszahl signiert. Hacker hat auch eine Reihe von Blumen-Paperweights gemacht, vor allem mit Weihnachtssternen. Seine Werke stammen aus dem Jahr 1965.

Dominik Labino, Harvey Littleton und Adolph Mocho haben sich von traditionellen Mustern und Techniken gelöst. Labino in Grand Rapids, Ohio, macht Paperweights aus Rauchglas in den Schattierungen Grün und Blau mit Lufttaschen in abstrakter Komposition. Seine Arbeiten sind an der Unterseite mit ›Labino‹ Jahreszahl signiert. Harvey K. Littleton in Verona, Wisconsin, macht seit Anfang 1960 interessante, frei geformte Paperweights aus gefärbtem Glas. Seine großen Pilzformen beziehen ihren Effekt aus dem Einschluß eines oder mehrerer großer Luftbläschen und haben dunkle Röhrchen, die von der Basis bis zur Krone reichen. Diese hohen, asymmetrischen Paper-

weights sind von orientalischer Keramik angeregt, die Littleton zu Beginn seiner Laufbahn studierte und nachahmte. Wobei allerdings hier oftmals die Bezeichnung ›Glasobjekte‹ angebrachter erscheint als der Begriff ›Paperweight‹.
Adolph Mocho arbeitet bei der Vineland-Glashütte in New Jersey, wo früher
auch Emil Larson angestellt war. Mochos Paperweights haben herkömmliche
Profile, enthalten aber ungewöhnliche Schmetterlings-Motive und Gründe mit
Spritzern in verschiedenen Farben. Seine Arbeiten sind auf einem teils mattier-
ten Boden mit ›A. Mocho‹ signiert.

*137 Val St. Lambert Millefiori-Paperweight mit
doppeltem Overlay, Belfien*

# 9. Europäische Paperweights

Der Glanz der französischen, böhmischen und venezianischen Paperweights der klassischen Periode stellte jede Produktion anderwärts in den Schatten. Erst in den letzten Jahren haben Sammler ihre Aufmerksamkeit auf die Erzeugnisse anderer Länder gerichtet. Gleichzeitig lebte die Kunst der Paperweights in Ländern wieder auf, wo sie lange erloschen war und verbreitete sich in Länder, wo man sie in ihrer klassischen Zeit nie gemacht hatte. Aus rein praktischen Gründen fassen wir diese vorherrschend modernen Beispiele der Paperweight-Herstellung in diesem Kapitel zusammen.

## Belgien

Man weiß, daß im 19. Jahrhundert Paperweights in einem halben Dutzend Fabriken in Belgien gemacht wurden. Um 1850 machte die Bougard-Glashütte in Jumet bei Charleroi merkwürdige, abstrakte Blumen-Paperweights, um 1880 stellten die ›Verreries Nationales‹ in derselben Stadt primitive Blumen-Paperweights her. Exemplare von ziemlich bescheidener Qualität wurden in Glashütten um Brüssel und Namur produziert. Ende des 19. Jahrhunderts machte man in Chenee bei Liège Sulphide-Paperweights meist mit religiösen Motiven. Der Hauptanteil der Produktion fiel auf die Fabrik ›Val St. Lambert‹, die größte belgische Glashütte des 19. Jahrhunderts. Francois Kemlin und Auguste LeLievre, ursprünglich Partner von d'Artigues in der Glashütte Voneche, gründeten 1825 das Unternehmen in Seraing bei Liège. 1825 trennten sie sich, Kemlin und LeLievre gingen zu Val St. Lambert und d'Artigues zu Baccarat. Als Baccarat begann, Millefiori-Paperweights herzustellen, war Val St. Lambert bereit, auf Konkurrenz auf diesem Gebiet zu verzichten. Evelyn Campbell Cloak bietet in ›Glass Paperweights‹ diese plausible Erklärung für die geringe Zahl von Val St. Lambert-Paperweights und die ziemlich begrenzte Auswahl verschiedener Millefiori-Canes, die man dort verwendete. Allerdings weiß man zu wenig über eine Paperweight-Produktion von Val St. Lambert, um diese Theorie nachprüfen zu können. Die wenigen Val St. Lambert-Exemplare, die man registriert hat, können sich mit der Qualität von Baccarat vergleichen, und es bleibt ein Geheimnis, warum die Produktion so begrenzt war. Da man sie bis vor kurzem unbeachtet ließ, könnte es sein, daß Val St. Lambert-Paperweights noch in Schränken herumliegen, wo sie auf ihre Wiederentdeckung und Neubewertung warten, die längst überfällig ist.

Val St. Lambert bevorzugte für Überfang-Paperweights ein aufrecht-rechteckiges Profil mit einem kugelförmigen Motiv im Innern. Gewöhnliche Paperweights hatten ein runderes Profil und waren meist reich facettiert. Das Glas war sehr leicht und hatte oft eine leicht gelbliche Tönung. Die meisten registrierten Stücke haben gefärbte oder Musselin-Gründe mit einem einzelnen Cane im Zentrum. Man schreibt dieser Fabrik auch ein paar Blumen-Paperweights mit Stiefmütterchen und Blumen unbestimmbarer Sorte zu. Mehrere Val St. Lambert-Paperweights enthalten Inschriften, aus denen hervorzugehen scheint, daß sie als Widmungs-Exemplare gedacht waren. Bis in die Jahre 1920/30 machte man bei Val St. Lambert gelegentlich Exemplare mit ovalen Fensterschliffen und kunstvoller Stern-Gravur.

So weit der Autor weiß, werden heute in Belgien keine Paperweights hergestellt, im benachbarten Holland dagegen sind ein paar teilweise erfolgreiche Versuche auf diesem Gebiet gemacht worden. Zur Zeit entwickelt man dort neue Profile aus gefärbtem Glas mit Sprenkeln in opaken Farben und länglich-elliptischen Bläschen in abstrakten Mustern.

# Skandinavien

Den hervorragendsten Beitrag zum modernen Glas haben die schwedischen Firmen geleistet. Auch der Paperweight hat sehr stark von der Phantasie und technischen Virtuosität schwedischer Gestalter und Kunsthandwerker profitiert. Von den Vorläufern der Paperweight-Produktion in Skandinavien weiß man sehr wenig. Ein paar Sulphides sind aus dem späten 19. Jahrhundert bekannt; sie haben zwar dänische oder schwedische Motive, könnten aber auch in Frankreich für den Export nach Skandinavien gemacht worden sein. Das ›Bergstrom Art Center‹ besitzt einen dänischen Paperweight, von dem man annimmt, er sei irgendwann zwischen 1880 und 1920 entstanden. Er ist sehr groß und schwer, aus klarem, farblosem Glas und enthält oben, nahe der Krone, eine Schicht aus grobem, vielfarbigem Kiesel-Glas, durch das fünf längliche Blasen in eine zweite Schicht von Kiesel-Grund hinunterreichen. Das ganze Motiv schwebt etwa 2 1/2 cm über dem flachen Boden des Paperweights. Dasselbe Museum besitzt auch einen schwedischen Paperweight vom Anfang unseres Jahrhunderts. Blaßcremefarbenes Glas schließt zwei Lagen von groben Glas-Spritzern ein, vornehmlich in Orange, in die sich eine große, zentrale Blase und vier kleinere, längliche Bläschen nach unten senken. Man weiß nicht, welchen Firmen diese dänischen und schwedischen Arbeiten zuzuordnen sind. Holmegaard zeigt kristallklare Paperweights mit unterschiedlich eingestochenen Luftblasen.

Die modernen, schwedischen Paperweights stammen aus den ersten Jahren nach 1960 und sind stilistisch so revolutionär, wie sie plötzlich und dramatisch aufgetaucht sind. Unter den Ersten auf diesem Gebiet war die Glashütte von Orrefors. Ihre klaren Glas-Paperweights sind von einer strengen, geometrischen Einfachheit. Ihre Schöpfer sind Gunnar Cyren und Ingeborg Lundin, und sie bestehen aus Rechtecken und Quadraten, in denen Herzen aus klarem Glas, Kreuze und andere Symbole eingeschlossen sind.

Bei Kosta produziert man heute die breiteste Skala von Paperweights in vielen verschiedenen Formen und den unterschiedlichsten Techniken. Runde Paperweights aus klarem Kristallglas haben das herkömmliche Profil, enthalten aber Muster aus feinen Bläschen, die ganz modern entworfen sind. 1964 begann Mona Morales-Schildt bei Kosta zylindrische Ausführungen zu machen. Diese ›bibelots‹, wie sie sie nennt, erzielen ihre erstaunliche Wirkung durch die geschickte Verwendung von Glasschichten in verschiedenen Farben, wobei sich da, wo die beiden sich überlagern, eine dritte Farbe ergibt. Außerdem hat sie in den letzten Jahren auch geschichtete Zylinder in verschiedenen Farben gemacht, wobei die Schichten durch eingeschliffene, konkave Fenster nach Art der alten Überfang-Paperweights freigelegt werden. Außer Zylindern gibt es auch Würfel und Vielecke, ihre Gesamtwirkung ist höchst ungewöhnlich.

Vicke Lindstrand hat sich bei Kosta auf gravierte und geschliffene Glas-Paperweights spezialisiert. Seine ›Eisberg‹-Exemplare bestehen aus rohen Klumpen von grünlichem Glas, in das er von unten oder hinten Landschaften, Tiere oder Vögel graviert. Man sieht das Motiv durch die grobe Struktur des Glases, und das ergibt einen sehr angenehmen Effekt. In den ersten Jahren nach 1960 machte Lindstrand Rechtecke, Dreiecke und Sechsecke aus klarem, farblosem Glas mit seitlich und an den Ecken eingeschliffenen Facetten und in die Unterseite gravierte Porträts berühmter Leute, wie Dag Hammarskjold, John F. Kennedy, Alexander Graham Bell und Albert Schweitzer. Diese Porträt-Paperweights sind signiert und tragen die Nummer der entsprechenden, limitierten Auflage.

Strömbergshytten begann mit seltsamen, grünen Algen in klarem Kristall und ist jetzt bei Glas-Pilzen angelangt. Spritzer in verschiedenen Farben erscheinen unter dem klaren, unregelmäßig geformten Oberteil, das auf einen kugelförmigen Fuß montiert ist. Der Name der Firma ist in Kursivschrift in den flachen Boden der Kugel eingeschliffen. Die Firma F. M. Konstglas in Ronneby hat ausgezeichnete, abstrakte Paperweights mit Streifen von rosa-opakem Glas auf Schwarz, die wie Seeigel wirken, herausgebracht. Reijmyre ist auf Tier- und Vogelformen in verschieden gefärbtem Glas spezialisiert. In Norwegen findet man als Produkte anonymer Glashütten Briefbeschwerer in Gestalt von Tieren und Vögeln. In Finnland ist dieses Medium zu künstlerischer Vollendung gebracht worden, vor allem durch Kaj Franck von der Glashütte Wartsila-Nuutajärvi.

# Andere Länder

Bis zum Ersten Weltkrieg blühte in Deutschland die Herstellung großer, farbiger Murmeln mit Durchmessern bis zu 20 Zentimetern. Sie enthielten Fäden aus opakem oder klarem, farbigem Glas, gelegentlich lief ein feines Lace-Twist-Stäbchen durch die Mitte. Man könnte daraus schließen, daß ähnliche Objekte mit abgeflachtem Boden in Form von Paperweights hergestellt worden seien, aber sie glänzen durch Abwesenheit. Gleichzeitig, etwa von 1880 bis 1914, wurden in Deutschland ein paar kleine Paperweights mit Millefiori-Boden für den Export nach England und Amerika gemacht. Die Canes waren grob und grell gefärbt, und die Glaskuppel war voller winziger Bläschen und Unreinheiten. Seit dem Zweiten Weltkrieg wurden in der Bundesrepublik Beschwerer aus klarem Glas mit blaßgelber Tönung hergestellt, die florale Muster aus kleinen, farbigen Glasröseln enthalten.

In den Jahren vor dem Bürgerkrieg entstanden in Spanien kleine, eiförmige Beschwerer aus farblosem oder bläulichem Glas mit verteilten, gestichelten Bläschen nahe der Oberfläche. Traurig, zu denken, daß ein Land, das auf dem Höhepunkt der maurischen Einflüsse im Mittelalter für sein Glas berühmt war, jetzt auf rührende Nippes solcher Art reduziert ist.

Auf Malta werden heute Paperweights in der traditionellen Form gemacht, haben aber ganz andere Inhalte als alles zuvor (siehe England). Diese Malteser-Paperweights sind sehr billig und als Souvenirs für Touristen bestimmt, aber man kann ihnen Originalität nicht absprechen.

▶

*Tafel XV:*
*Beispiele moderner Studio-Glas-Paperweights, Amerika, 1970 bis heute*
*138 ›Libelle im Schilf‹, irisierend, Orient + Flume, 7,5 cm;*
*139 ›Frosch auf Seerosenblättern‹, irisierend, Orient + Flume, 7,5 cm;*
*140 ›Blüten, Blätter und Ranken‹, Millefiori und Kammzugtechnik, irisie-*
*rend, Orient + Flume, 7,5 cm; 141 ›Schmetterlinge und Blüten‹, mit klarem*
*Glas überfangen, Lundberg, 6,5 cm; 142 ›Aquarium-Fische‹, mit klarem Glas*
*überfangen, Lundberg, 6,5 cm (alle farfalla)*

138

139

140

141

142

143

144

145

146

147

# 10. Asiatische Paperweights

Es ist traurig für eine Nation, darauf angewiesen zu sein, Kunst und Gewerbe anderer zu kopieren und dabei kläglich zu versagen. Daß ein so begabtes und erfinderisches Volk wie die Chinesen nur noch imstande ist, kitschige Imitationen alter französischer und amerikanischer Paperweights zu machen, charakterisiert den Zustand dieses Landes zwischen den beiden Weltkriegen. Als der Markt für klassische Paperweights sich kurz nach dem Ersten Weltkrieg gefestigt hatte, schickten ein paar schlaue, amerikanische Unternehmer eine Fracht echter Paperweights nach Shanghai und Kanton, von wo sie ihren Weg in die Finger geschickter Nachahmer fanden. Anhand einiger weniger Originale gelang es den Chinesen, Tausende von Imitationen herzustellen, die den amerikanischen und europäischen Markt überschwemmten. Ein Vorteil der kommunistischen Machtergreifung unmittelbar nach dem Krieg war, daß dieser fragwürdige Handel unterbunden wurde.

Chinesische Paperweight-Imitationen können niemand täuschen, der auch nur das Geringste über den echten Gegenstand weiß oder kritische Augen im Kopf hat. Vor allem waren die chinesischen Vorkriegs-Paperweights in Glas schlechtester Qualität eingeschlossen. Es war verschwommen mit gelblichem Anflug und enthielt winzige Bläschen und Unreinheiten. Die Chinesen versuchten, die kunstvollen Millefiori-Canes aus Frankreich und Amerika zu kopieren, beherrschten aber die Technik nie. Die Farben der Canes tendierten zu grellen Primärfarben und einer seltsamen Vorliebe für ein gelbsüchtiges Blümchen mit einem knallroten Zentrum. Diese Millefiori-Blümchen wirken lose, als hätte der Druck die Bestandteile zerstückelt. Die Spiralen und Fäden des

◀

*Tafel XVI:*
*Beispiele moderner Lampwork-Paperweights, Amerika, 1980*
*143 ›Silberreiher‹, Rick Ayotte; 144 ›Flamingo‹, Rick Ayotte; 145 ›Rick's Lovebirds‹, Rick Ayotte; 146 ›Feldstiefmütterchen‹, Paul Stankard; 147 ›St. Antony's Feuerblumen‹, Paul Stankard (alle farfalla)*

Latticinio waren nicht opak genug, und die Anordnung der Canes war unregelmäßig. Es gab eine komische Tendenz, ein Motiv von Baccarat mit dem Profil von Millville oder der Facettierung von New England zu verbinden. Hier und da gelang fast zufällig eine hübsche Wirkung, aber die meisten chinesischen Vorkriegs-Paperweights waren dürftige, geschmacklose Kopien klassischer Exemplare. Noch heute treiben sich betrübliche Mengen dieser Fälschungen herum, allerdings braucht man wenig Erfahrung, um sie als solche zu erkennen.

Nach einer Anstandspause erschienen chinesische Paperweights wieder auf dem Markt und werden, obwohl sie am traditionellen Millefiori-Muster festhalten, offen als das verkauft, was sie sind: billige chinesische Massenware. Von dem immer noch vorhandenen, gelblichen Anflug abgesehen, hat sich die Qualität des Glasüberzugs merklich gebessert, und das Aussehen der Stäbchen ist etwas besser geworden. Man muß zugeben, daß viele moderne, chinesische Beschwerer von Können und feiner Handwerksarbeit zeugen. Vielleicht werden diese unerforschlichen Nippes mit ihrem mysteriösen Papierschildchen ›Made in China‹ am Boden im Lauf der Zeit modernen Millefiori-Paperweights Konkurrenz machen. Aber das ist Optimismus. Vielleicht entschließen sich die Chinesen eines Tages zu ihrer eigenen Art von Millefiori und geben den ungleichen Kampf um die Nachahmung von Saint Louis und Whitefriars auf.

Außer Millefiori-Beschwerern haben die Chinesen eine große Auswahl Blumen-Paperweights gemacht, die mehr oder weniger die Millville-Rose oder das Baccarat-Stiefmütterchen nachahmen, dazu Sulphides von Tieren, Vögeln, Fröschen und Insekten, ein paar hübsche Segelschiffe und nautische Szenen, ebenso Paperweights mit Landschaften, die im orientalischen Stil auf einen opaken Grund gemalt sind. Lange gehörte es zum guten Ton, sämtliche chinesischen Paperweights herunterzumachen und von vornherein als Greuel zu verwerfen, aber kritische und aufgeschlossene Sammler geben heute zu, daß einige chinesische Exemplare durchaus einen Platz in ihrer Sammlung verdienen.

# Japan

Manche als chinesische Vorkriegs-Paperweights bezeichnete Stücke könnten in Wirklichkeit in Japan gemacht sein, aber die heutige Produktion von Paperweights in Japan ist ganz eigenständig. Gegen 1960 fanden billige und häßliche Paperweights ihren Weg aus Japan auf westliche Märkte, die zweifellos Hollisters vernichtende Verurteilung verdienten. Er tat sie schroff ab und warf die kleinen Lilien-Paperweights und ›aufgeweichten Stab-Scheiben, die planlos in klarem Glas herumschwimmen‹, in einen Topf mit dem Schneesturm-Kinderspielzeug aus Plastik, das Japan (und heute Hongkong) zum Entzücken kleiner Kinder produziert.

Aber wie bei allen anderen japanischen Erzeugnissen hat sich auch die Gestaltung japanischer Paperweights in den letzten Jahren radikal verändert. Die Japaner begnügen sich nicht mehr damit, den Westen zu kopieren, sondern nehmen einen Gegenstand und verändern oder entwickeln ihn auf ihre eigene Weise. Deshalb verdienen die besseren japanischen Paperweights des letzten Jahrzehnts auch ernsthafte Aufmerksamkeit. Zu den interessanteren der heutigen Exemplare gehören solche aus geformtem Glas mit geripptem Melonen-Muster in farblosem Glas, die tiefblaue oder rubinrote Glastropfen enthalten. Die Japaner haben auch ein paar annehmbare kugelförmige Paperweights gemacht, die dreidimensionale Gruppen von Lilien und Purpurwinden einschließen. Man braucht nur an das außerordentliche Geschick der Japaner in der Herstellung von industriellen Glaswaren und Linsen zu denken, um zu erkennen, daß hier eine Kraft ist, mit der man rechnen muß. Die Zukunft sieht für japanische Paperweights sehr vielversprechend aus, vor allem, wenn sie traditionelle, japanische Kunstformen erforschen und entwickeln.

# Indien

In den letzten Jahren sind hohe Kronenformen auf den Markt gekommen mit einem in Rot und Gold auf ihren Boden geklebten Schildchen ›hand blown in India‹. Diese Paperweights kosten nicht viel. Der Überzug ist aus ziemlich klarem Glas, und sie haben die Fehlschläge der chinesischen Vorkriegs-Exemplare klug vermieden, indem sie auf Millefiori-Muster ganz verzichteten und sich auf ihre eigene Art der Dekoration konzentrierten. Indische Paperweights bevorzugen ein aufrechtstehendes Blumen-Motiv mit drei oder vier Lilien, deren Blütenblätter verschwommen aus opaken, farbigen Spritzern komponiert sind. Auch hier möchte man hoffen, daß die indischen Glashütten die reiche Ader heimatlicher Kunstformen der zukünftigen Inspiration erschließen, anstatt einen unbehaglichen Kompromiß mit westlichen Motiven einzugehen.

# 11. Amerikanische Paperweights 1970 bis heute

## Lampenglas

Obwohl in Amerika schon teilweise seit über 10 Jahren viele, für den amerikanischen Paperweight-Sammler bedeutende Glaskünstler sich auf die Herstellung von Lampenglas-Paperweights spezialisiert haben, finden erst heute ganz langsam diese neuen Paperweights den Weg nach Europa zu den Sammlern. In der Zukunft werden sie und ihre Paperweights auch hier in Europa noch viel von sich Reden machen:

Rick Ayotte, Ray und Robert Banford, Paul Stankard, Delmo + Debbie Tarsitano, Victor Trabucco.

Diese Glaskünstler, die quasi als Bildhauer aus vorübergehend plastischem Material bei ungeheurer Hitze in kaum zu verstehender Feinheit die schönsten Blumengärten, Früchte und Früchtekörbe, Schmetterlinge, Libellen, Vögel im Wald und sogar Fische unter Wasser modellieren, alle diese Künstler gehen einen vollkommen eigenen, neuen Weg.

Diese Künstler schaffen wirklich, besonders von der Seite der Herstellung, eine vollkommen neue Art Paperweights. Es sind einmalige, auch im Sinne von ›Unikat‹, Glasobjekte unserer Zeit. Sie sind Unikate der Bildhauerkunst in Glas. Spiegeln sie zwar auf den ersten Blick aufgrund ihrer gewohnten, doch perfekten äußeren Form den altbekannten klassischen, französischen Paperweight von Clichy, Baccarat oder Saint Louis vor, so muß man schon beim zweiten Blick überrascht feststellen, daß man diese Perfektion in der Gestaltung und Ausführung der Einschlüsse normalerweise bei Paperweights aus Kristallerien und Glashütten nicht vorfindet. Und hier stellen sich schon bald die Fragen nach dem Unterschied, nach dem Wie und Warum.

Während man in der Fabrik bei der Herstellung von Paperweights sich in aller erster Linie den Gesetzen, die von der Chemie und der Physik des flüssigen Ofenglases bestimmt werden, unterzuordnen hat – denken sie nur an die zeitlich begrenzte, plastische Verformbarkeit des Glases, die beim üblichen, nur für dekorative Zwecke bestimmten Bleikristallglas auch durch Wiedererwärmen nicht unendlich ausgedehnt werden kann –, so hat doch der einzelne Glaskünstler, der zu Hause in seinem Studio arbeitet und vom kalten Glas ausgeht, die kontrollierbareren und auch beeinflußbareren Möglichkeiten. Außerdem kann er sich seine gewünschten, ganz speziellen Gläser aus einer großen, sehr weit entwickelten Industrieproduktion aus Spezial-Katalogen aussuchen. Es werden hier als Ausgangsmaterial fast ausschließlich teure, hochreine optische Gläser verwendet, die vom Hersteller sehr genau spezifiziert sind. Nachdem die langwierigen Vorarbeiten des Erschmelzens der gewünschten Motive aus Blüten, Blättern, Knospen, einschließlich aller, auch der feinsten und kleinsten Kleinigkeiten, wie Stiele, Stempel und Staubgefäße, abgeschlossen sind, und die ›Montage‹, das Arrangieren, das wiederum über das Schmelzen des Glases erfolgt, beendet ist, muß nun zum Beispiel ein solches Blumenbukett oder ein Vogel in das klare Glas vollkommen makellos eingeschlossen, d. h. eingeschmolzen werden. Dazu sind nochmals mehrere Stunden sehr intensiver, äußerst diffiziler Arbeit erforderlich, um dem Paperweight wirklich die Vollendung zu geben, die der kritische Sammler erwartet, und die letztlich auch neben der Begehrtheit der Garant für den Wert solcher seltenen Kunstwerke ist. Die Begehrtheit resultiert wiederum nur aus der Schönheit dieser Arbeiten und aus dem Reiz, der davon ausgeht.

So hat jeder Künstler seine bevorzugten Motive:

Rick Ayotte, als Freund von Paul Stankard, hat sich als Freizeit-Ornithologe auf alle Arten von einheimischen Vögeln spezialisiert. Er versteht es auch, kleinste Farbnuancen im Gefieder einer Ente – und dies wohlgemerkt aus glühendem Glas – darzustellen und den Vogel naturgetreu in seiner natürlichen Umgebung als Paperweight einzuschmelzen. Ein rosa Flamingo watet sehr effektvoll auf seinen hohen Beinen durch eine blaue Lagune vor Palmen. Ein Buntspecht, in allen Einzelheiten und bunten Farben modelliert, hängt an einem morschen Baum. Ein braungepunktetes Wacholderdrossel-Pärchen sitzt zwischen den Blättern und den Samenständen eines Ahornbaumes. Die Variationsbreite dieses sympathischen jungen Mannes, der ursprünglich den Beruf des Glasbläsers gelernt hat, ist noch lange nicht erschlossen.

Ray und Bob Banford, Vater und Sohn, sind schon am längsten in diesem Geschäft tätig. Zuerst als Antiquitäten- und Paperweighthändler, und nun schon seit 10 Jahren als Könner in der Herstellung. Sie waren schon als Händler so begeistert von Paperweights, daß es fast selbstverständlich für sie war, sich ihre Paperweights selbst herzustellen. Letzten Anstoß dazu gab die Ehefrau, der auch heute noch Ray keine größere Freude bereiten kann, als eine selbstgefertigte ›Paperweight‹-Anstecknadel oder einen seiner hübschen ›Paperweight‹-Anhänger zu schenken. Alle Paperweights der Banford's zeigen als Signum ein eingeschmolzenes ›B‹ in verschiedenen Farben. Fast immer werden florale Motive gezeigt, die momentan anscheinend von Ray naturalistisch, von Bob stär-

ker miniaturisiert, aber stilisiert dargestellt werden. Fast immer sind die Stücke
sehr stark und unterschiedlich angeschliffen.

Paul Joseph Stankard gilt als der zur Zeit erfolgreichste Paperweight-Künstler
der neuen Generation. Als begeisterter Amateur-Botaniker hat sich Paul Stankard schon frühzeitig bei seinen Paperweight-Arbeiten auf die Darstellung
kompletter Pflanzen und Pflanzenteile spezialisiert. Berühmt sind seine vielen
Orchideen in Glas, bei denen sogar jede einzelne Fadenwurzel ausgebildet ist,
und die Farben und Zeichnungen der Blüten und Blätter genau stimmen. Bisher unerreicht ist die Vielfalt und Farbenpracht seiner vollkommen naturalisti-
schen Blütenbuketts, die jetzt sogar in mehreren Lagen übereinander aufgebaut sind. Mit ›S‹ (ältere Paperweights auch mit ›PS‹) sind alle seine Paperweights eingeschmolzen signiert. Sehr selten sind diese zusätzlich angeschliffen, aber niemals mit ausschließlich dekorativ wirkenden Effekten, wie zum
Beispiel Millefiori verziert. Paul Stankard hat mit seinen Paperweights einen so
großen Erfolg, daß schon heute Sammler sich seine Paperweights auf Kunstauktionen (zuletzt geschehen bei Sotheby Parke Bernet, New York, Mai 1981)
ersteigern. Die Entwicklung seiner Arbeit vom Anfang bis zur derzeitigen Perfektion kann sehr gut im Wheaton-Museum betrachtet werden.

Delmo + Debbie Tarsitano, Vater und Tochter, sind erst seit 1978 mit der Herstellung von Paperweights beschäftigt. Aber die ganze Familie ist schon seit
langen Jahren fasziniert von Paperweights; Del ist Paperweight-Sammler. Er
selber fertigt bis heute ausschließlich Früchte-Paperweights, Erdbeeren und
Pfirsiche mit den entsprechenden Blüten, wobei allergrößter Wert auf eine
vollkommen naturgetreue Wiedergabe und Harmonie gelegt wird. In der Familie Tarsitano scheint jedes Familienmitglied größten Wert darauf zu legen,
das Allerbeste erreichen zu wollen. Die beiden Söhne, Dr. der Botanik und
Dr. phil., sind ständig weltweit auf Reisen und können immer wieder die hei-
matliche Familie mit neuerworbenen Paperweights überraschen. Debbie, als
jüngstes Kind, ist so sehr talentiert bei der Gestaltung ihrer Paperweights, daß
sie nach erst zweijähriger Tätigkeit bereits heute ihre komplizierten Blumenar-
rangements in mehreren Schichten übereinander fertigt. Obwohl die Blumen
stark stilisiert sind, ergibt dies eine wunderhübsche, fast naturalistische, dreidimensionale Wirkung. Der Bekanntheitsgrad der Tarsitano-Paperweights ist
seit der großen Paperweight-Ausstellung 1979 ›Paperweights – Flowers, which
clothe the Meadows‹ (›Blumen, die die Wiesen bedecken‹) im ›Corning Museum of Glass‹ so enorm gestiegen, daß sich Tarsitano's Paperweights einrei-
hen in die Aufzählung der besten Paperweights. Nachdem sich Paul Stankard,
voll ausgebucht, momentan den Glasskulpturen zuwendet, die mit den eigentlichen Paperweights nicht mehr viel gemeinsam haben, scheint hier, besonders
bei den einzigartigen Blütenbuketts in Debbie Tarsitano schon jetzt eine wür-
dige Nachfolgerin zu existieren. Del und Debbie Tarsitano lassen ihre Paper-

weights fast alle mit sehr schönen, komplizierten Schliffen von einem geschickten Glasschleifer versehen. ›D. T.‹ (früher Initiale ›D‹ mit ›T‹ kombiniert) ist das Echtheitszeichen in einem eingeschmolzenen Stäbchen.

Neben seinen großen, klaren Glasplastiken, Tierdarstellungen in Lampenarbeit, stellt Victor Trabucco seit ein paar Jahren auch Paperweights her, die alle hübsche Blumen-, aber auch Tiermotive zeigen. Er signiert seine meistens angeschliffenen Paperweights mit einem eingeschmolzenen ›T‹-Stäbchen. Auch hier ist die Herstellung ebenso zeitaufwendig wie bei den vorangegangenen Künstlern, so daß monatlich bestimmt nicht mehr als 10 Stück für die amerikanischen Sammler zur Verfügung stehen.

Entscheidend für den Erfolg dieser neuen Generation junger Paperweight-Künstler ist die erneute, enorm große Beliebtheit der Paperweights in Amerika im Zusammenhang mit den gewaltig gestiegenen Ansprüchen der Sammler nach einwandfreier Qualität.

Die technischen Möglichkeiten durch die großen Fortschritte, zum Beispiel in der Glaserzeugung und im Brennerbau, machen heute Glas als Werkstoff für immer mehr Künstler und Gestalter beherrschbarer als noch vor 50 oder 100 Jahren. Somit gelingt es, so anspruchsvolle Arbeiten als Einzelleistung zu schaffen.

Alle diese Paperweights bleiben Unikate, wenn auch manchmal der Künstler eines besonders großen Erfolges wegen versucht ist, einige seiner Arbeiten zu kopieren, und damit kleine Auflagen von 10, 25 oder 50 Stück entstehen. Alle diese Paperweights werden so stark unterschiedlich ausfallen, da sie in vollkommener Handarbeit entstehen. Nur der Name würde auf eine eventuelle Gleichheit hindeuten. Eine Preisgrenze nach unten hat sich inzwischen bei etwa 1000,– DM pro Stück gebildet, nach oben ergibt sich in etwa eine Grenze durch die Stankard-Paperweights, die ca. 5000,– DM kosten können.

# Studioglas

Das künstlerisch freie Arbeiten mit dem Werkstoff Glas macht sehr hohe finanzielle Investitionen erforderlich. Weitaus die meisten Glastechniken können nur mit einem jederzeit in vielen Farben verfügbarem Glas aus der Glasschmelze ausgeführt werden. Deshalb haben sich in Amerika nach dem Krieg sogenannte Glasstudios gebildet, die gemeinschaftlich teure Glasöfen und Anlagen betreiben. Hier arbeiten mindestens zwei, oft mehr Glaskünstler jeweils selbständig nach ihren Vorstellungen an ihren Werken. Da aber auch bei künstlerischen Arbeiten mit Glas fast immer Helfer benötigt werden, kann hier leicht auch Teamarbeit im Wechsel erfolgen. Man kann von einer Art Ateliergemeinschaft sprechen, wie sie bei den herkömmlichen Bildhauern üblich ist, nur mit dem Unterschied, daß der Steinbildhauer sich nur selten einen eigenen Steinbruch leisten muß und der Erzbildhauer eine Metallgießerei. Der ›Glasbildhauer‹ aber muß seinen Glasofen in Reichweite verfügbar haben, um kreativ arbeiten zu können. Die moderne Entwicklung von den großen Glasöfen zu den sogenannten Studio-Glasöfen führte dazu, daß solche Studios immer kleiner werden konnten.

Einen ganz bedeutenden Namen haben sich in den letzten Jahren die folgenden Paperweight-Hersteller mit ihren Glasstudios gemacht: Correia, Charles Lotton, Lundberg, Orient & Flume und Vandermark. Hier werden von den Künstlern in ausschließlicher Handarbeit Paperweights hergestellt, die manchmal wegen des Regenbogeneffektes (irisierend) an die Farben des Jugendstil-Glases (Tiffany, Loetz) erinnern. Ornamentale Muster, Blumen und Ranken, Vögel, Schmetterlinge, Fische und Schlangen und viele graphische, symmetrische Linien sind so ausdrucksvoll und in einer so großen Vielfalt in und auf das Glas modelliert, daß man fast schon von Malerei sprechen könnte. Dies wäre aber nicht richtig, da der Künstler im wahrsten Sinne des Wortes die auf die glühende Glaskugel unterschiedlich aufgetragenen farbigen Glasmassen und Glasfäden in dem glühenden, plastischen Glas mit seinen Handwerkszeugen ›verzieht‹, also nicht malt, sondern modelliert. Das Ergebnis bei den Paperweights ist so faszinierend, daß man diese gestalterischen Arbeiten sogar mit gutem Erfolg auf große, auch als Vasen verwendbare Glasobjekte übertragen hat.

Jedes Studio hat seine eigene Handschrift.

So sind es bei Correia die vielen unterschiedlichen stilisierten Landschaften, Sternenhimmel, Mond- und Sonnenaufgang; bei Lotton große, einzelne fantasiereiche Blütenköpfe in ganz kräftigen Farben; für Lundberg typisch sind die zarten Schmetterlinge über einer Blume, die kleinen Fische in einem Aquarium oder über dem Meeresgrund und einzelne kleine Blumen, fast immer mit klarem Glas überfangen, tief unten in den Paperweights das Motiv; Orient & Flume ragt heraus mit seinen vielen abwechslungsreichen graphischen Mustern, fast ornamental wirkend, wie zum Beispiel das Pfauenauge und einer großen Anzahl von Blüten mit Ranken und Tieren, fast immer unter Verwendung eigener Millefiori-Abschnitte in oder auf dem Glas. Sehr schöne ›Marbrie‹-Paperweights ergänzen die Palette von Orient & Flume. Einer der bekannten Künstler neben David Hopper ist Bruce Sillars.

Alle diese Arbeiten dieser Glasstudios sind sehr dekorativ gemacht. In der Größe und der äußeren Form gibt es zwischen den Herstellern nur unbedeutende Unterschiede, alle Paperweights sind etwa 6 bis 8 cm im Durchmesser groß und nicht facettiert, am Boden poliert und graviert. Diese Paperweights sind Unikate, im Studio registriert, numeriert, datiert und mit einem Zertifikat des Künstlers versehen. Die Preise liegen zwischen 250,– und 600,– DM.

# Nomenklatur und sinngemäße Übersetzung

*Abriß:* Unschöne Bruchstelle am Boden aller handgeformten und mundgeblasenen Glaserzeugnisse, auch Paperweights, nur dort fast immer durch Schleifen und Polieren entfernt

*Air Ring:* ein länglicher, kreisförmiger Lufteinschluß, meistens nahe am Boden des Paperweights; oftmals auch unten, über oder auch in einer in sich gedrehten Spirale (siehe Torsade, Mercury)

*Air Bubble:* gewollter, eingestochener Luftblaseneinschluß; nicht gewollte Luftblasen = fehlerhafter Paperweight (siehe Mercury)

*Aventurine:* Glas mit glitzernden Metallflittereinschlüssen, Gold-Aventurine enthält Kupfer-, Grün-Aventurine Chromflimmer bzw. deren Mineralien

*Barber's pole weight:* Paperweights, die vereinzelt im Motiv bunte, gedrehte Lace Stäbchen enthalten

›Barber's pole‹: aushängendes Firmenzeichen der Friseure in England, der bunte, gedrehte Stab

*Base:* Basis; der Boden des Paperweights

*Basket:* a) mehrere Möglichkeiten der Anlage eines Paperweight-Untergrundes als Träger des eigentlichen Motives, wobei der ›Korb‹ aus Millefiori- und/oder gedrehten Latticinio-Stäbchen selbst dekorative Wirkung erzielt; b) naturgetreue Nachbildung eines gefüllten Blumen- oder Früchtekorbes mit Henkel aus gedrehtem Lace-Stäbchen, eingeschmolzen im Paperweight

*Bottle weight:* Paperweight und Doorstop mit Lufteinschlüssen aus grünem Flaschenglas aus Nordengland

*Bouquet:* ein Blütenmotiv, das mehr als eine Blume enthält, Lampenarbeit

*Cameo:* ein anderes Wort für jede Art von Sulphides-Einschlüssen

*Cane:* jede Art der feinen Glasstäbchen, die durch mehrfaches Erschmelzen, wiederholtes Zerteilen und Bündeln sowie Ausziehen dicker Glasstäbe zu feinsten Stäbchen entstehen; alle Abschnitte zeigen als Schnittbild das jeweils gewünschte Motiv; eine Übersetzung zu Röhrchen wäre falsch, da viele ›Canes‹, die wie solche aussehen, nur scheinbar Röhrchen sind, der ›unsichtbare Hohlraum‹ ist immer mit klarem Glas ausgefüllt!

*Carpet ground:* ein häufiger, regelmäßiger, gleichfarbiger Millefiori-Untergrund; ›Teppich‹, der dazu dient, andere Elemente hervorzuheben

*Chequer ground:* Schachbrettmuster, erzielt durch Millefiori- und Lace-Stäbchen, die längs gelegt sind und das Muster entsprechend unterteilen

*Clear ground:* das Motiv ruht auf klarem Grund

*Close Concentric Millefiori:* häufig verbreitetes Millefiori-Muster; dicht gepackte Stäbchen in konzentrischen Kreisen um ein Zentrumsstäbchen
*Close Millefiori*
*Close packed Millefiori:* dicht, aber ungeordnet gepackte Millefiori-Stäbchen
*Color ground:* das Motiv ruht auf farbigem Grund
*Crown weight:* ›Kronengewicht‹, dieser Paperweight enthält abwechselnd bunte, gedrehte und weiße Twisted-Bänder, Lace-Stäbchen, verlaufend von einem in der Spitze des Paperweights liegenden Zentrumsstäbchen, an den Seiten abwärts bis nahe zum Zentrum des Bodens; oftmals auf dem Wege des Blasens hergestellt, also hohl
*Crystallo-Ceramic:* vermutlich aufgrund eines Druck- oder Übermittlungsfehlers oft als Crystallo-Ceramie aufgeführt; Substanz für erste englische, für Apsley Pellat 1819 patentierte Sulphides, siehe dort
*Cushion ground:* ein Grund in der Form eines Kissens; das Motiv ruht auf einem konvexen Kissen bzw. Polster, meistens aus Millefiori-Stäbchen
*Cutting:* eine sogenannte kalte Glas-Veredelungstechnik; nicht der bekannte, hier irrtümlich vermutete Glasschnitt verbirgt sich hinter diesem eingebürgerten Wort, sondern Glas*schliff*, das Schleifen und Polieren der Oberfläche der Paperweights
*Doorstop:* ein sehr großer Paperweight; findet tatsächlich als ›Türstopper‹ Verwendung
*Date cane:* ein opakes Millefiori-Stäbchen, das im Schnittbild das Datum bzw. die Jahreszahl der Paperweight-Herstellung zeigt (siehe Signature cane)
*Double Overlay (Triple Overlay):* dreifaches Überfang-Glas (siehe Overlay)
*Encased Overlay:* siehe Overlay
*End of Day:* Paperweights, die oftmals tatsächlich am ›Ende des Arbeitstages‹ gefertigt werden, sogenannte ›Feierabend-Paperweights‹; hierbei wurden alle Reste, Glasabschnitte, Bruchstücke usw. in eine kleine Anzahl von Paperweights durcheinanderliegend eingeschmolzen; sicher nicht erst heutzutage vortäuschend so gefertigt (siehe Scrambled)
*Facet:* nicht nur eckige, kantige Facettenschliffe, sondern jede Art von Schliffen, auch konkaven
*Filigree:* siehe Lace
*Flint glass:* im Englischen irrtümliche Bezeichnung für Bleiglas, lead crystal
*Floret:* siehe Cane
*Flower weight:* ein Paperweight, der nur eine einzelne Blume oder Blüte als Hauptmotiv im Zentrum zeigt
*Footed:* Paperweights, die einen eigenen, angeschmolzenen bzw. angeformten Fuß, auch Sockel, haben
*Garland:* Girlanden in unterschiedlicher Anordnung und Zahl aus Millefiori-Stäbchen liegen auf meist farbigem Grund
*Hand Cooler:* ein Paperweight eiförmig, früher ein übliches Accessoire für Damentäschchen; vielleicht oft auch als ›Stopfei‹ verwendet
*Hollow weight:* einige Paperweights sind hohl geblasen und zeigen im Innern verschiedene gläserne Tiere; ›Kronengewichte‹ sind oft hohl (siehe Crown weight)
*Honeycomb:* a) Millefiori-Stäbchen, dessen Schnittbild an die Zellen der Honigwaben erinnert, Baccarat Spezialität; b) eine spezielle Technik in der Verarbeitung von Doppel-Overlay-Glas zu Stäbchen, führt zu großflächi-

gen Motiven, die wie aufgerissene, verzogene Honigwaben erscheinen, zum
Beispiel große Pompondahlien, Saint Louis Spezialität

*Intaglio:* oft nur eingepreßte, manchmal auch geschnittene Rückseitendekora-
tion, geätzt oder mattiert, Sulphides in Paperweights vortäuschend

*Jasper ground:* zwei- oder mehrfarbig gesprenkelter Grund als Basis für viele
Arten von Motiven

*Lace:* (Filigree, Gauze, Muslin, Upset Muslin, Lace Twist) weiße oder farbige
Glasfäden auf klarem, d. h. farblosem Glas parallel angeordnet, und diese
Kombination beim Ausziehen zu dünnen Stäbchen links oder rechts herum
gedreht; kurze Abschnitte als Grund für Paperweights (siehe Lattecinio)

*Lampwork:* Glasarbeiten vor einer ›Glasbläserlampe‹, dem Petroleum-Bren-
ner; heute jedoch Industrie-Gasbrenner modernster Bauart

*Lattecinio:* das Netz- und Fadenmuster, das aus Lace-Stäbchen gebildet werden kann (siehe Lace)

*Macedoine:* farbige Lace-Stäbchen-Abschnitte, bunt gemischt, als Muster sor-
tiert oder unsortiert liegend

*Magnum:* Paperweights, größer als 8 cm Durchmesser

*Marbrie:* ›Marmorierte‹ Paperweights; bunte, parallel laufende Streifen und
Bänder, oft zu Schlingen verzogen, Kammzugtechnik dicht unter der Glas-
oberfläche

*Mercury:* irrtümliche, im Englischen übliche und falsch ins Deutsche über-
nommene Bezeichnung für nur scheinbar wie Quecksilber glänzende Luftblasen und Luftringe

*Millefiori:* aus dem Italienischen: ›Tausend Blumen‹ (siehe Cane)

*Miniature:* Paperweights, kleiner als 5 cm Durchmesser

*Moss ground:* ein Grund aus gleichen, vorherrschend grünen Millefiori-Stäbchen, ein Moos vortäuschend

*Mushroom weight:* aufrechtstehender ›Pilz‹ aus Millefiori-Stäbchen im Zentrum des Paperweights

*Muslin:* siehe Lace

*Newel Post (franz. Boule de rampe):* großer Paperweight, meist mit Metall-
montage, zum Aufsetzen auf das umlaufende Ende großer Treppengeländer

*Nosegay:* ein flaches Blumenstrauß-Motiv, im Gegensatz zum ›Boukett‹ aus
Millefiori-Stäbchen gebildet

*Overlay weight:* ein Paperweight überzogen (›überstochen‹, ›überfangen‹) mit
farbigen Glasschichten, einfacher, doppelter und dreifacher Überfang, wobei diese Glasschichten opak und/oder transparent sein können; eingeschliffene Fenster geben den Blick auf das Motiv im Innern frei; bei ›eingeschlossenen (encased) Overlays‹ wird der fertige Overlay-Paperweight zusätzlich
mit einer klaren Kristallschicht überfangen

*Paperweight (engl. auch paper weight – franz. presse papier – ital. fermacarta):*
in diesem Buch nicht übersetzt, weil bei den Sammlern auch nicht als ›der
Briefbeschwerer‹ üblich, sondern ›der Paperweight‹; der Paperweight ist in
der bei Sammlern verbreiteten Meinung nur diese eine Art von Briefbeschwerer, der in diesem Buch behandelt wird – eine Glaskugel oder Halbkugel, in die oder auf die mit großer Sorgfalt, Geschick und viel Können dekorative Elemente, wie Millefiori-Stäbchen, Lampenarbeiten aus farbigem
Glas, Sulphide-Porträts oder auch Metalle, wie Medaillen, oft von Künst-
lerhand eingearbeitet sind; keinerlei Gebrauchswert.

*Panel weight:* Paperweights enthalten Motive, die auch durch Abgrenzungen mit längsseits gelegten oder senkrecht gestellten, andersfarbigen Stäbchen in separate Flächen unterteilt sein können

*Pastry Mold Cane:* in ›Kuchenformen‹ erschmolzene Stäbchen sind nicht so komplex aufgebaut, wie die eigentlichen Millefiori-Stäbchen, die immer mehrfach kombiniert sind; pastry mold canes, häufig der tiefgezackte Stern, sind oftmals nur die Basis für den Aufbau komplexer Millefiori-Stäbchen

*Patterned ground:* Millefiori-Stäbchen so in Gruppen dicht aneinandergelegt, daß ohne trennende Linien ein Muster sich bildet

*Piedouche:* die französische Bezeichnung für ›Footed weight‹, siehe dort

*Pinchbeck weight:* eigentlich kein echter Paperweight im Sinne dieser Nomenklatur, da das Motiv, eine geprägte Messingscheibe, nicht mit der darüberliegenden Glaslinse verschmolzen ist.

*Printies:* ›Druckstellen‹, runde, konkave Schliffe (sog. Kugelschliff) auf der Oberfläche der Paperweights; veralteter, unüblicher englischer Ausdruck aus dem 19. Jahrhundert

*Ribbon:* siehe Barber's pole

*Rock ground:* Quarz-Granulate, eingestreuter Sand, Quarzbrocken sind oft Untergrund für Fische, Schlangen und Eidechsen

*Rod:* Einzelstab aus Glas, der manchmal schon einfache, farbige Motive enthält; Grundlage zur Herstellung komplexer Millefiori-Stäbchen

*Scattered ground:* unregelmäßig verteilte Millefiori-Abschnitte, meist auf Lace ground

*Scrambled weight:* ein Millefiori-Motiv, das zerbrochene und ganze Canes, gemischt mit weißem und/oder farbigem Lace-Canes, vollkommen durcheinandergemischt, meistens im ganzen Paperweight verteilt, enthält

*Signature cane:* ein opakes Millefiori-Stäbchen, das im Schnittbild Name oder Initial des Paperweight-Herstellers zeigt

*Silhouette Cane:* ein opakes Millefiori-Stäbchen, das im Schnittbild Tiere, Blumen oder Figuren zeigt

*Spaced Concentric Millefiori:* Millefiori-Canes in weiter auseinanderliegenden konzentrischen Kreisen bzw. Ringen

*Star cut:* in den Boden vieler Paperweights ist ein Stern geschliffen

*Star Dust ground:* viele, weiße Sternchen-Canes bilden den Grund für das eigentliche Motiv

*Strawberry Cut, Strawberry-Diamond Cut:* in den Boden vieler Paperweights ist ein feines Linienraster eingeschliffen; ob Erdbeer- oder Diamant-Schliff ist von der Feinheit abhängig

*Sulphide (franz. Sulfure):* Cameen-ähnliche, weiße keramische Medaillons oder Portraitplaketten als dekorative Einschlüsse in Paperweights und anderen Glasobjekten

*Torsade:* opake, oft farbige Glasfäden winden sich scheinbar in loser Form um einen ringförmig gelegten Lace-Stab, meist nahe dem Boden um den Pilzfuß, siehe Mushroom

*Trefoil:* eine ›dreiblättrige‹ Girlande, ähnlich dem Umriß eines Kleeblattes

*Upright Bouquet:* dreidimensionaler Blumenstrauß, arrangiert aus Millefiori-Canes sowie stilisierten Blumen und Blättern in Lampenarbeit

Window: Fensterschliff, siehe Facet

# Museen für Paperweight-Sammler

Ein großer Teil der Paperweights liegt heute in den Museen der Welt. Davon wiederum der größte Teil in Amerika. Dort werden es zur Zeit bestimmt weit über 4000 eher 5000 Stück (!) sein. Allein im ersten Museum der unten aufgeführten Liste über 1000 und im dritten fast 1000 Stück. Nur wenige davon in Deutschland, circa 20 Stück im letztgenannten dieser Aufstellung.

The Art Institute of Chicago, Chicago, Illinois
Bennington Museum, Bennington, Vermont
Bergstrom Art Center and Museum, Neenah, Wisconsin
Birmingham City Art Gallery and Museum, Birmingham, England
Brooklyn Museum, Brooklyn, New York
Corning Museum of Glass, Corning, New York
Chrysler Art Museum, Provincetown, Massachusetts
Conservatoire National des Arts et Metiers, Paris, France
Cristalleries de Saint Louis, Paris, France
M. H. de Young Museum, San Francisco, California
Edward L. Doheny Memorial Library, Camarillo, California (St. John's Seminary)
Flint Institute of Arts, Flint, Michigan
Glynn Vivian Art Gallery, Swansea, Wales
Henry Ford Museum, Dearborn, Michigan
Metropolitan Museum of Art, New York, New York
Minneapolis Institute of Fine Arts, Minneapolis, Minnesota
Musée des Arts Decoratifs, Louvre, Paris, France
Musée du Verre, Liège, Belgium
Newark Museum, Newark, New Jersey
New York Historical Society, New York City
Old Sturbridge Village, Sturbridge, Massachusetts
Passaic Historical Society, Park Ridge, New Jersey
Peterborough Museum, Peterborough, New Hampshire
St. Mary's Seminary, Perryville, Missouri
Sandwich Historical Society Museum, Sandwich, Massachusetts
Smithsonian Institution, Washington, D. C., American History Dept.
Toledo Museum of Art, Toledo, Ohio
Victoria and Albert Museum, London, England
Wheaton Museum of Glass, Wheaton Village/Millville, New Jersey
Museum für Kunsthandwerk, C. + M. Pfoh-Stiftung, Frankfurt a. M.

# Bibliographie

Paperweight-Literatur und Titel *, in denen Paperweights behandelt werden

*Bauer, Margrit, Glas. C. und M. Pfoh-Stiftung (Katalog). Museum für Kunsthandwerk, Frankfurt a. M. 1975

Bedford, John, Paperweights. Walker + Co., New York 1968

Bergstrom, Evangeline H., Old Glass Paperweights. Crown Publ., New York 1947/49

Bozek, Michael, Price Guide Handbook of Glass Paperweights, Treasure Chest Publ.

*Brooks, John A., Schönes altes Glas. Gondrom Verlag, Hollywood 1961, Bayreuth 1976 (Modernes Antiquariat)

Capote, Truman, Wenn die Hunde bellen / Die weiße Rose. rororo Nr. 4038

Cloak, Evelyn Campbell, Glass Paperweights of the Bergstrom Art Center. Crown Publ., New York 1969

Cristie's Auktionskataloge, London

*Denis, Hans, VITRUM, Geschichte und Geschichten um Glas. Karl Thiemig AG, München 1976

Elville, E. M., Paperweights and Other Glass Curiosities, Country Life Ltd. Spring Books, London 1954/67

*Gateau, Jean-Carles, Die Glaskunst. Edition de Bonvent, Genf 1974

Hollister, Paul Jr., Glass Paperweights at Old Sturbridge Village (Katalog). Sturbridge/Mass. 1969

Hollister, Paul Jr., Glass Paperweights of the New York Historical Society (Katalog). Clarkson N. Potter. Crown Publ., New York 1974

Hollister, Paul Jr., The Encyclopedia of Glass Paperweights, Clarkson N. Potter. Crown Publ., New York 1969

Hollister, Paul Jr. + Lanmon, Dwight P., Paperweights: Flowers which clothe the meadows (Katalog). The Corning Museum of Glass, Corning, New York 1978

Imbert, R. + Amic Y., Les Presse-Papiers de Cristal Francais (engl. Ausgabe: French Crystal Paperweights). Art et Industrie, Paris 1948

Ingold, Gérard, The Art of the Paperweights Saint Louis. Paperweight Press, Santa Cruz 1981

Jebsen-Marwedel, Hans, Glas in Kultur und Technik. Druckhaus Bayreuth 1980

Jokelson, Paul, Annual Bulletin of the Paperweight Collectors' Association. New York seit 1954

Jokelson, Paul, Antique French Paperweights. Privately Publ., New York 1955

Jokelson, Paul, One Hundred of the Most Important Paperweights. Privately Publ., New York 1966

* Jokelson, Paul, Sulphides. Thomas A. Nelson, New York 1968

Kaufmann, Gerhard, Paperweights und kuriose Postkarten (Katalog). Altonaer Museum, Hamburg 1974

Mannoni, Edith, Les Sulfures et boules presse-papiers. Edition Ch. Massin, Paris 1974

Manheim, Frank J., A Garland of Weights. Farrar, Straus + Giroux, New York 1967/68

* Mariacher, Giovanni, Kostbarkeiten der Glaskunst. München 1974

McCawley, Patricia K., Antique Glass Paperweights from France. Spink + Son Ltd., London 1968

McCawley, Patricia K., Glass Paperweights. Charles Letts, London 1975

Melvin, Jean S., American Glass Paperweights and Their Maker. Thomas A. Nelson, New York 1967/70

* Newmann, Harold, An Illustrated Dictionary of Glass. Thames and Hudson Ltd., London 1977

* Pellatt, Apsley, Curiosities of Glass Making. David Bogue, London 1849

* Savage, George, Zauber der Glaskunst. Rheingauer Verlagsgesellschaft, Eltville 1978

Selman, Lawrence H. und Linda Pope, Paperweights for Collectors. Paperweights Press, Santa Cruz 1975 und 1981

Smith, Francis Edgar, American Glass Paperweights. Wollaston, Massachusetts 1939

Sotheby's Auktionskataloge, London

Stankard, Paul Joseph, The First Decade (Katalog). Wheaton Museum of Glass, Wheaton Village 1979

Der Paperweight-Club Deutschland verteilt Informationen, darunter auch deutsche Übersetzungen aus dem ›Bulletin of the Paperweight Collectors' Association‹.

Für Auskünfte im Zusammenhang mit Paperweights und über die Mitgliedschaft:

Paperweight-Club Deutschland
Perhamer Straße 32
D – 8000 München 21
Tel. 0 89/58 55 40

# Für Freunde schöner Möbel

Brian Austen
## Englische Möbel im Lauf der Jahrhunderte
Eine Entwicklungs- und Formengeschichte des englischen Möbels. Aus dem
Englischen übersetzt von Susanne Haisch.
2. Auflage. 240 Seiten, 7 Farbtafeln, 183 Abbildungen. 16 × 22 cm. Leinen
Nach Möbelarten getrennt – Sitzmöbel, Tische, Truhen, Kommoden, Sekretäre
etc. – wird jeweils ein Gebiet der Möbelkunst durch die Jahrhunderte hindurch
in seiner Entwicklung beschrieben und mit hervorragenden Fotos und Zeichnungen verdeutlicht. Der sozialgeschichtliche Hintergrund des Wandels der Stile
wird beleuchtet, auch werden Hinweise auf Fälschungen gegeben.

Charles H. Hayward
## Englische Möbel
## echt – kopiert – gefälscht
264 Seiten, 295 Abbildungen. 15,5 × 22 cm. Engl. Broschur
Es wird aus handwerklicher Sicht gezeigt, was echt, was eine gute oder
schlechte Nachbildung ist. Der Autor, Ch. H. Hayward, ist Kunsttischler,
Autor verschiedener Bücher und Herausgeber der Zeitschrift »Woodmaker«.
Seine Stilgeschichte ist praxisbezogen und zeichnet sich durch große An-
schaulichkeit aus. Konstruktionen und Entwürfe, detaillierte Zeichnungen
und Fotos ergänzen den Text und vermitteln Kenntnisse, die normalerweise
erst nach Erfahrung und dem Studium umfangreicher Literatur zu erwerben
sind.

Gerhard Dietrich
## Schreibmöbel
Vom Mittelalter bis zur Moderne
231 Seiten, 167 Abbildungen, davon 6 farbig. 15,5 × 22 cm. Leinen.
Von den Schreibbrettern des Mittelalters bis zum Round Office unseres
Jahrhunderts: »Wieviel sich an der Entwicklung der Schreibmöbel ablesen
läßt über die Epochen der europäischen Sozial- und Geistesgeschichte, zeigt
ein glänzend illustrierter Bildband, der nicht nur in optischen Opulenzen
schwelgt, sondern aus einer Stilkunde des Schreibtisches eine Kultur-
geschichte des Schreibenden werden läßt.«  Frankfurter Allgemeine Zeitung

Philippe Garner
## Möbel des 20. Jahrhunderts
Internationales Design vom Jugendstil bis zur Gegenwart. Aus dem Engli-
schen von S. Gangloff und H. Fliessbach.
224 Seiten, 408 Abbildungen, davon 115 farbig. 22 × 29,8 cm. Leinen
»Knapp und präzise schildert der Autor, Leiter der Abteilung dekorativer
Kunst des 20. Jahrhunderts bei Sotheby's Belgravia, London, mit kritischer
Distanz und Blick auf die jeweiligen gesellschaftlichen Verhältnisse die
Grundideen epochemachender Möbeldesigns in Europa. Unzählige S/W- und
Farbabbildungen geben in ihrer klaren Anordnung dem Betrachter und Leser
eine Vorstellung der bahnbrechenden innenarchitektonischen Ideen.«
Der Tagesspiegel

## Keysersche Verlagsbuchhandlung · München